Susanna Mc Mahon

LE PSY DE POCHE

Traduit de l'américain par Alain Bories

Sommaire

Introduction 11

I. QUESTIONS PHILOSOPHIQUES 23

1. Qui suis-je ? 25
2. Quel est le sens de la vie ? 27
3. Qu'est-ce que le paradoxe ? 30
4. Pourquoi le monde est-il fou ? 32
5. Pourquoi tant de souffrances ? 35
6. Pourquoi ai-je si peur ? 37
7. Est-il « normal » de se sentir inquiet, jaloux, possessif, déprimé ou malheureux ? 39
8. Pourquoi la vie n'est-elle pas juste ? 41
9. Quel effet mon passé a-t-il sur moi ? 44
10. Que puis-je faire pour mon avenir ? 47
11. Avons-nous vraiment besoin de remords et d'angoisse ? 50

12. Le mal existe-t-il ? 54
13. Pourquoi ma nature est-elle bonne ? 56
14. Qu'est-ce que la psychothérapie ? 58
15. Pourquoi mon psychologue ne peut-il me guérir une fois pour toutes ? 61
16. Qu'est-ce que la réussite ? 64
17. Qu'est-ce que Dieu a à voir là-dedans ? 66
18. Quelle est LA question ? 67
19. Quelle est LA réponse ? 68

II. DÉFINITION DES CONCEPTS 71

20. Qu'est-ce qui dépend de moi ? 73
21. Qu'est-ce que l'estime de soi ? 76
22. Pourquoi l'estime de soi n'est-elle pas spontanée ? ... 79
23. Estime de soi équivaut-elle à égoïsme ? 81
24. L'excès d'estime de soi peut-il conduire à l'égocentrisme ? 83
25. Comment acquérir l'estime de soi ? 85
26. Pourquoi les livres de développement personnel ne m'apportent-ils rien ? 88
27. L'estime de moi me rendra-t-elle heureux ? 91
28. L'estime de moi me rendra-t-elle parfait ? 93
29. Quand aurai-je suffisamment l'estime de moi-même ? 95
30. Quels sont les indices de l'équilibre ? 97
31. Comment m'accepter tel que je suis ? 99
32. Comment m'assumer si je ne suis pas en accord avec moi-même ? 103
33. S'aimer soi-même : par où commencer ? 106
34. Qu'y a-t-il de mal à se bercer d'illusions ? 109
35. Pourquoi ne puis-je garder mes défenses ? 113
36. Comment puis-je apprendre à me détacher ? 116
37. Comment venir à bout de mon passé ? 119
38. Quel est cet enfant qui me hante ? 122

39. Que puis-je faire pour mon enfant intérieur ? 125
40. Comment mettre fin à ma souffrance ? 131
41. Pourquoi dois-je continuer à souffrir ? 134
42. Y a-t-il un lien entre la souffrance, l'estime de soi
et l'exercice physique ? 137

III. QUESTIONS INDIVIDUELLES 141

43. J'ai toujours été comme ça : pourquoi changer ? 143
44. Pourquoi tant de colère en moi ? 146
45. Pourquoi est-ce que je ne me sens pas maître de moi ? 149
46. Pourquoi suis-je déprimé ? 152
47. Pourquoi ai-je si peur de mes sentiments ? 155
48. J'ai tout ce dont j'ai besoin :
pourquoi suis-je malheureux ? 158
49. Pourquoi tant de rancœur en moi ? 161
50. Pourquoi ai-je l'impression de ne rien comprendre ? . 164
51. Il m'arrive de penser n'importe quoi ; suis-je fou ? 167
52. Pourquoi suis-je si critique ? 170
53. Pourquoi suis-je si possessif ? 173
54. Pourquoi est-ce que je pleure
si souvent ? (Ou jamais ?) 176
55. Pourquoi est-ce que je n'arrive
jamais à me défendre ? 179
56. Pourquoi est-ce que je n'arrive pas à dire « non » ? 182
57. Comment en finir avec l'alcoolisme ?
La drogue ? La boulimie ? Le don juanisme
ou la nymphomanie ? La violence
envers les autres et envers moi-même ? 185
58. On m'a maltraité pendant mon enfance :
pourquoi continué-je à me faire du tort ? 188
59. J'en fais tant et rien ne marche : pourquoi ? 192
60. Qu'est-ce que je suis en train de rater ? 195
61. Pourquoi ce sentiment de n'être ni ici ni nulle part ? .. 198
62. Pourquoi ai-je parfois le désir de mourir ? 201

63. Pourquoi ai-je tellement honte de demander de l'aide? 204
64. Pourquoi est-ce que je me sens si différent des autres? 207

IV. QUESTIONS RELATIONNELLES 211

65. Qu'est-ce que l'intégration sociale? 213
66. Qu'est-ce qu'une relation interpersonnelle harmonieuse? 216
67. Qu'est-ce qu'un codépendant? 219
68. Pourquoi ne puis-je connaître d'amour durable? 222
69. Pourquoi ne puis-je tomber amoureux d'une personne qui me convienne? 225
70. Quel est le rôle de la sexualité dans l'amour? 228
71. Pourquoi ne puis-je pas transformer mon conjoint? .. 231
72. Si je change, mon conjoint changera-t-il aussi? 234
73. Que puis-je faire pour les autres? 237
74. Pourquoi ne pas faire passer les autres d'abord? 240
75. Comment savoir jusqu'où je dois aider les autres? ... 244
76. Qu'est-ce qu'une famille à problèmes? 248
77. Pourquoi est-ce que je crains toujours mon père ou ma mère? 251
78. Pourquoi cette haine en moi? 254
79. Que faire quand on me hait? 257
80. Comment savoir qu'il est temps de mettre un terme à une liaison amoureuse? 260
81. Comment se remettre d'une déception sentimentale? 264
82. Qu'est-ce qu'une communication de qualité? 270

V. CONCLUSION 275

83. Qu'est que l'euphorie naturelle? 277

Notice biographique 279

Introduction

J'ai écrit ce livre pour vous qui savez que les réponses existent, mais qui vous sentez trop souvent dépassé par les questions. J'ai écrit ce livre pour vous qui travaillez et exercez des responsabilités : vous faites ce que l'on attend de vous mais avec le sentiment de passer à côté de quelque chose; vous vous levez le matin, partez au travail, concentrez votre attention sur des centaines de détails et vous couchez épuisé chaque soir; quand vous avez quelques minutes à vous, vous vous demandez le sens d'une vie pareille. J'ai écrit ce livre pour vous qui savez faire – et bien faire – mais qui avez perdu en route l'art d'être. Ce livre est également pour vous tous qui savez comment être u mieux être... mais avez besoin d'un petit coup de main pour mieux mettre concrètement votre vie en valeur.

J'ai écrit ce livre pour vous tous qui n'avez jamais lu un livre de développement personnel, car les grandes questions de votre vie ne se trouvent pas – vous le savez – dans les livres : je suis d'accord avec vous; il ne suffit pas de lire un livre pour trouver des solutions. La réponse à la question « Pourquoi les livres de développement personnel ne m'apportent-ils rien ? » explique pourquoi lire ne saurait, en aucun cas, suffire. Vous n'avez peut-être jamais lu de livres de développement personnel car vous avez le sentiment que nul ne peut comprendre vos problèmes : personne ne peut se mettre à votre place, ni vivre votre vie, ni éprouver vos sentiments. Personne, c'est vrai, ne passe exactement par les mêmes circonstances particulières, ne subit les mêmes détails traumatisants; mais nous pouvons exprimer de la même façon ces sentiments qui nous tourmentent. En tant qu'êtres humains, nous savons tous ce que sont la tristesse et le deuil, la colère et l'envie, le sentiment d'inutilité et le découragement. Ces expériences peuvent être échangées et, ce faisant, nous apprenons que nous ne sommes pas seuls, que nous avons notre place au sein de la famille humaine. Si c'est la première fois que vous achetez un livre de développement personnel, j'espère qu'il répondra à vos attentes, que vous pourrez utiliser les réponses exposées dans ce livre pour découvrir vos propres solutions, vous encourager dans la recherche de votre valeur et de l'estime de vous-même, et renforcer votre sentiment d'appartenance au groupe.

J'ai aussi écrit ce livre à l'intention de ceux qui se jettent sur tous les ouvrages de développement personnel dès leur parution : ces lecteurs assidus cherchent le secret de la vie, ils sont convaincus qu'il suffit pour cela de trouver le bon livre. Je ne prétends pas que mon livre leur apportera la solution cherchée. Qu'ils lisent quand même ce que je dis du concept de paradoxe. Le paradoxe du secret de la vie, c'est justement qu'il n'y a pas de secret. La réponse est là, tout près; elle y est depuis l'origine des temps, elle est accessible par bien des voies. Le sens de la vie, c'est le cœur de toutes les religions, philosophies et doctrines; c'est la raison d'être de la psychologie et elle s'énonce en quelques mots : soyez honnête avec vous-même, aimez-vous vous-même, reconnaissez votre valeur et la beauté de votre nature humaine. Ce sont des concepts simples, mais ils ne sont pas faciles à mettre en pratique. La preuve ? La prolifération de ces livres de développement personnel : dans notre civilisation, il n'est pas naturel d'être soi-même. L'estime de soi ne peut, hélas, nous être conférée par un tiers. S'aimer soi-même, cela a l'air facile, mais ce n'est qu'une apparence. Ce livre reconnaît l'importance de votre démarche de recherche du sens de votre vie; il vous encouragera, je l'espère, à persévérer dans cette voie. Vous pouvez lire et relire cent fois la bonne réponse avant de la « saisir » : la seule réponse qui compte, c'est celle que l'on comprend enfin. Persévérez dans vos lectures, vos travaux, vos tentatives. J'espère sincèrement que ce livre vous aidera dans vos recherches et vous permettra de découvrir votre valeur personnelle.

J'ai aussi écrit ce livre pour les gens équilibrés, qui savent s'apprécier à leur juste valeur. Sur cette planète de fous, aucun encouragement n'est superflu; tous les appuis sont nécessaires. L'acquisition de l'estime de soi est un processus et non un objectif fixe; chaque journée vous apporte de nouveaux défis, vous confronte à des difficultés, des souffrances et des deuils qui tendent à miner le sentiment de votre valeur et l'amour que vous avez pour vous-même. Qu'il est facile, en rencontrant un nouveau problème, d'oublier toutes les solutions que vous aviez précédemment trouvées ! Qu'il est facile de perdre foi en vous-même, et tout espoir quand le monde extérieur semble se désagréger ! Qu'il est difficile de s'aimer soi-même quand nul, dans votre entourage, ne vous aime ! Combien il est naturel de se dénigrer soi-même chaque fois que vous commettez une erreur ! Ce livre vous apprendra à garder courage et à rester indulgent vis-à-vis de vous-même dans un environnement incohérent. Le principal message de ce livre, c'est que l'estime de soi est un processus et non un acquis. De ce fait, on n'en a jamais assez. Toute votre vie, vous aurez besoin d'encouragements, de rappels, d'appuis et de renforts en ce sens. J'espère que ce livre confortera dans leur opinion tous ceux d'entre vous qui sont déjà conscients de leur valeur.

J'ai aussi écrit ce livre pour ceux d'entre vous qui n'ont jamais compris la valeur de l'estime de soi ni celle de l'amour de soi. Il vous est arrivé d'entendre ces mots-là, sans jamais en saisir le concept. Peut-être étiez-vous trop pris, trop occupé : toujours est-il que vous êtes passé à côté. Peut-être avez-vous cru que l'amour de soi était quelque chose de trop simple, ou au contraire de trop ésotérique; peut-être avez-vous cru que la quête du bonheur individuel avait quelque chose d'égoïste. On vous a appris à vous méfier des solutions faciles, vous vous êtes toujours montré exigeant, jusqu'à faire preuve d'altruisme et d'esprit civique. Bref, vous vous êtes conformé à ce que l'on vous disait de faire : vous avez visé la perfection, l'altruisme, le sens de l'effort et des valeurs; et vous avez cru, ce faisant, que vous trouveriez la paix intérieure. Mais vous ne vous sentez pas bien dans votre peau : il vous manque quelque chose, et vous hésitez peut-être à le reconnaître. Vous ne savez pas par où commencer pour mettre votre vie en ordre. Vous avez même du mal à admettre que votre vie ne vous satisfait pas. Mais quand vous vous retrouvez seul face à vous-même, vous vous sentez désemparé et vulnérable. Lisez ce livre : vous n'êtes pas seul dans ce cas et votre situation n'est pas désespérée. L'incertitude et le malaise sont d'excellents points de départ pour découvrir, croître et changer.

J'espère que ce livre vous convaincra de chercher vos propres motivations, votre propre valeur et la beauté de votre personnalité. Votre vie vous appartient, vous seul pouvez lui donner un sens.

Et surtout, j'ai écrit ce livre parce que je ne pouvais pas faire autrement. C'était un moyen pour moi de mettre en pratique ce que j'enseigne. J'ai choisi la présentation sous forme de questions/réponses car c'est celle qui se calque le mieux sur le processus thérapeutique dont je me sers avec mes patients. Vous ne trouverez pas, dans les pages qui suivent, d'études de cas personnels; non qu'ils n'existent pas (chaque ligne de ce livre évoque pour moi bon nombre de patients...), mais parce que je voulais que mon lecteur s'implique personnellement dans chaque réponse. Si une question particulière vous intéresse, c'est vous qui l'appliquerez à votre cas personnel et adapterez la réponse à votre situation propre. Chacun d'entre vous a ses raisons pour poser la question, chacun d'entre vous a sa propre histoire à raconter, ses propres décisions à prendre au vu des connaissances glanées dans ce livre. J'espère que celui-ci vous sera utile. J'espère que vous vous sentirez concerné par les questions qu'il pose, et que les réponses qu'il donne vous conduiront à une meilleure connaissance de vous-même. Je vous souhaite d'y découvrir votre formidable valeur intrinsèque et la beauté de votre nature propre.

Ce livre est tout entier sous-tendu par une philosophie qui n'est ni originale, ni complexe, ni même difficile d'accès. Cette philosophie est simple : la nature humaine est bonne, chacun de nous est profondément bon à tout instant. Il n'y a pas besoin de « faire » quoi que ce soit pour être bon; la perfection de notre nature n'est pas une chose à laquelle nous puissions travailler, ni que nous puissions acquérir : elle est en nous dès le départ. Le travail consiste donc à reconnaître que l'homme naît bon : il faut croire en soi-même et faire confiance à cette nature humaine qui est bonne en soi. En d'autres termes, nous naissons bons mais ce qui est difficile, c'est de conformer nos actes à cette perfection naturelle. Paradoxalement, il est plus difficile encore de renier notre nature pour devenir vraiment mauvais. On ne nous forme pas à nous reconnaître comme bons; on nous forme à nous critiquer, à nous juger et à nous dénigrer, comme si notre nature était mauvaise. A cause de cette éducation qui nous laisse une empreinte permanente et générale, nous avons parfois peur de reconnaître qu'au fond, nous sommes bons. Cela peut nous mettre mal à l'aise, mais également nous libérer et nous dynamiser. Si vous avez le moindre doute, tentez une petite expérience; fermez les yeux et répétez-vous intérieurement : « Je suis quelqu'un de bien; je suis quelqu'un de bien; je suis quelqu'un de bien... » Continuez à répéter cette phrase jusqu'à sentir quelque chose. Peut-être aurez-vous envie de pleurer, peut-être aurez-vous vaguement peur, peut-être encore trouverez-vous que cette phrase est difficile à prononcer et surtout à croire. Plus complète a été votre éducation, et plus cet exercice sera difficile. Persévérez jusqu'à sentir affleurer un sentiment. En reconnaissant notre nature comme bonne, nous nous sentons bien. Nous nous sentons puissants, et ce sentiment a une influence profonde sur nous. Reconnaître le caractère intrinsèquement bon de notre nature est la première étape qui mène à l'estime de soi.

Entre les lignes de ce livre, vous trouverez une théorie psychologique sous-jacente. De nouveau, il ne s'agit pas d'une théorie originale. Elle s'appelle « l'euphorie naturelle » et elle a été conçue par Walter « Buzz » O'Connell. Le docteur O'Connell, influencé par les travaux d'Alfred Adler, est parvenu à la conviction que l'euphorie naturelle découle immédiatement de l'estime de soi et de l'intégration sociale. Tous ces concepts seront explicités dans le corps de ce livre. Pour résumer, disons que cette théorie consiste à dire ceci : l'amour de soi et l'amour des autres conduisent à un sentiment d'intégration universelle. Cela donne un sens et une valeur à la vie et l'on se sent heureux d'être vivant. N'est-ce pas ce à quoi nous aspirons tous ?

Ce livre résume mes dix années d'expérience psychothérapeutique. J'ai commencé à recevoir des patients à l'hôpital des anciens combattants de Houston, au Texas. J'ai eu la chance de travailler plusieurs années avec des anciens combattants du Viêt-nam, traumatisés par l'expérience du champ de bataille. Ils m'ont beaucoup appris, et notamment que la vie n'est pas juste. C'est vrai. Ils m'ont également prouvé que l'on est parfois obligé, pour survivre, de faire des choses qui mènent à l'anéantissement de l'image que l'on a de soi-même, sauf si l'on apprend à pardonner. De nouveau, la vie n'est pas juste : la perfection n'est pas de ce monde. Jamais nous ne deviendrons parfaits : il est donc vital d'apprendre à pardonner, à nous-même d'abord et aux autres ensuite. Fort heureusement, le pardon, cela s'apprend. Ensuite, il est possible de continuer à vivre, quels que soient les drames qui nous ont affectés. Mon travail avec des drogués, des alcooliques et des patients au psychisme gravement atteint n'a fait que m'ancrer dans mes convictions : il est indispensable de savoir pardonner, et cela s'apprend.

J'ai ensuite quitté Houston pour l'Allemagne, où j'ai travaillé en qualité de psychologue pour enfants pour l'armée américaine. Mes jeunes patients, notamment les victimes de violences sexuelles, m'ont appris que des choses atroces peuvent arriver à n'importe qui; d'une façon ou d'une autre, nous sommes tous des victimes. Mieux, ils m'ont appris que nous sommes tous des rescapés : nous avons tous besoin d'en prendre conscience, et de nous récompenser d'avoir survécu. Ces enfants, ainsi que leurs familles, m'ont montré que l'estime et l'amour de soi sont des qualités intérieures que nul traumatisme externe ne peut déraciner. Ils m'ont également enseigné quelle force de caractère la souffrance et l'adversité peuvent construire chez une personne.

J'ai eu pour la première fois l'idée d'écrire ce livre alors que je dirigeais un service de santé mentale à Madrid en Espagne. Là, beaucoup de mes clients étaient des expatriés intelligents, aisés et exerçant des responsabilités importantes. Auprès de ces patients, j'ai appris que le succès n'est pas une notion qui se définit d'après des critères extérieurs. Le fait de faire et d'avoir n'aboutit pas automatiquement à une vie gaie, équilibrée et épanouie. Ces clients m'ont appris qu'il faut redéfinir la notion de réussite, et savoir que tout le monde, absolument tout le monde, a besoin d'apprendre à s'encourager et à se prodiguer des récompenses intérieures réelles. Une psychothérapie peut être brève : les succès de mes clients madrilènes me l'ont prouvé.

Ce livre n'est pas destiné à remplacer une psychothérapie. Il y a des moments dans notre vie où nous avons besoin de soutien, d'appui et d'un point de vue extérieur objectif. Les questions qu'il aborde sont des questions graves.

Toutes m'ont été posées par des clients en proie aux plus vives souffrances. Les réponses données sont brèves; elles peuvent paraître simplistes, ce qui ne diminue en rien la gravité des problèmes posés. Je les ai rédigées de façon à diriger le lecteur vers une solution; quand ces solutions n'existent pas, j'ai essayé de montrer à mon lecteur comment apprendre à vivre avec ce problème. Si ces réponses suffisent à encourager le lecteur, à le guider et à lui faire découvrir une solution, tant mieux. J'ose espérer que ce livre encouragera ceux de mes lecteurs qui en ont besoin à se faire aider par un psychothérapeute. J'ai écrit ce livre pour des adultes capables de s'assumer. Il ne saurait suffire pour des patients atteints de troubles graves ou victimes de traumatismes majeurs. Il ne saurait être assimilé à une panacée : je ne crois pas au remède miracle.

Ce livre n'a pas été rédigé pour être lu d'un trait, puis enfermé dans une armoire. Bien au contraire, je l'ai écrit de façon à ce que chaque réponse puisse être lue quand la question se pose. Il contient quatre-vingt-trois questions et réponses, réparties en quatre principaux chapitres. La théorie sous-jacente et les termes correspondants sont expliqués dans le premier chapitre, que j'ai intitulé « questions philosophiques » : il traite des thèmes les plus fondamentaux concernant notre vie. Je conseillerais au lecteur de lire ce chapitre en premier, de façon à comprendre les termes qui sont utilisés dans le reste du livre. Le deuxième chapitre traite, en théorie et en pratique, de la façon dont on acquiert l'estime de soi. Le troisième chapitre couvre les problèmes personnels ou individuels. Le quatrième chapitre parle de l'intégration sociale, de notre relation avec les autres et des thèmes correspondants. La toute dernière question du livre définit l'euphorie naturelle. On remarquera que l'estime de soi couvre les trois quarts du livre, et l'intégration sociale un quart seulement. Quant à l'euphorie naturelle, elle ne fait l'objet que de la dernière question. Cette présentation n'est pas fortuite : en effet, l'apprentissage de l'estime de soi est indispensable à l'intégration sociale; quant à l'euphorie naturelle, elle sourd spontanément chez qui possède à la fois l'estime de soi et l'intégration sociale.

Comme je le dis plus haut, toutes les réponses de ce livre sont brèves et essentiellement simples. Je m'attends à ce que l'on m'accuse d'être simpliste ou superficielle, qualificatifs que l'on applique généralement aux thérapies courtes. Mais je suis convaincue qu'une réponse brève ou simple n'est pas superficielle si le patient ou le lecteur intériorise le message. Quelles que soient la durée et la profondeur d'une psychothérapie, aucun thérapeute ne parviendra jamais à fournir une réponse susceptible de modifier son patient, à moins que celui-ci (ou mon lecteur) ne fasse sienne l'information donnée et ne l'utilise pour se transformer. Par expérience, je sais que les réponses élémentaires, si elles sont pertinentes, ont plus de chances d'être utilisées et assimilées que les réponses complexes. A chaque lecteur de décider quelle réponse lui parle le plus, quelle information retenir et utiliser pour favoriser sa croissance et son changement. Ce processus est nécessairement individuel. C'est à chacun de découvrir qui il est, ce qui compte pour lui et comment devenir équilibré, complet et serein. Je ne dis pas que ce processus doit être uniquement conduit dans la solitude. En effet, certains éléments de la quête de paix intérieure sont communs à toute l'espèce. Par exemple, le fait que je connaisse votre histoire, que je sache ce qui a marché ou pas pour vous, ne produira aucun changement en moi, mais pourra m'aider à poursuivre ma propre transformation. Le changement en vous pourra m'aider et m'encourager à entreprendre mon propre changement. Apprenons, développons-nous, changeons : puis échangeons nos expériences. Il n'y aurait pas grande joie ni grand avantage à développer l'estime de soi dans un désert. Le fait de nous aimer nous-même conduira toujours à l'amour des autres. L'amour de soi et celui des autres nous conduiront vers la joie et l'intégration universelle : c'est cela l'euphorie naturelle.

J'ai intitulé ce livre LE PSY DE POCHE pour deux raisons. La première, c'est que ce livre est un vademecum : nous pouvons l'emporter sur nous partout où nous allons. La seconde, c'est que nous prenons avec nous, où que nous allions, ce dont nous avons besoin. Autrement dit, chacun de nous peut, s'il le désire, être son propre psychothérapeute. C'est à chacun de trouver les réponses dont il a besoin et de les mettre en œuvre où qu'il aille, à n'importe quel moment. Chacun de nous a la responsabilité de sa propre existence. Chacun de nous est, en définitive, le meilleur des psychologues pour lui-même. En bon psychologue, nous saurons nous encourager, nous pardonner, nous appuyer, parfois nous éduquer, et même nous montrer dur quand il le faut. J'espère que ce livre de poche fera de vous de bons psychologues.

I

QUESTIONS PHILOSOPHIQUES

1
Qui suis-je ?

C'est la question fondamentale de toute notre existence. On peut y répondre à différents niveaux, et l'envisager à partir de différents points de vue : philosophique, éthique, spirituel ou comportemental. Nous sommes le résultat en partie de notre éducation et de notre expérience; en partie de nos espérances, de nos réussites et de nos échecs; et en partie de l'action d'une puissance supérieure ou force vitale. Nous savons que nous avons un corps, un esprit et une âme et nous nous posons souvent cette question en nous référant à l'un de ces aspects de notre personnalité. Nous avons tendance à nous définir en fonction de notre apparence extérieure, de notre savoir et de nos connaissances, de nos sentiments et de nos actions. En général, nous avons du mal à faire la synthèse de ces parties en un tout cohérent.

Quand cette question est posée en thérapie, elle débusque toujours quelque souffrance. La réponse thérapeutique se doit de dépasser les apparences, c'est-à-dire le rôle que nous jouons, notre présentation physique, notre éducation, notre statut social, notre patrimoine, notre capacité à entrer en relation avec autrui, etc.; il faut descendre jusqu'à la raison sous-jacente qui a poussé le patient à poser cette question. A de rares exceptions près, moins on se sent en sécurité et plus on a tendance à se demander qui l'on est. Le sentiment d'insécurité est au cœur de tous les troubles affectifs, et il est fortement lié aux maladies physiques et aux angoisses spirituelles. L'insécurité pousse à douter de soi et ce doute rend l'individu incapable de s'appuyer sur ce qu'il est : il ne se connaît pas lui-même. Faute de se connaître et de se faire confiance, il est dans l'impossibilité de s'aimer. L'insécurité équivaut donc à un manque partiel ou total d'estime de soi; a contrario, avoir de l'estime pour soi équivaut à s'aimer. Le plus souvent, on cherche à répondre à la question « Qui suis-je ? » en se comparant aux autres. On étudie les différences, on critique, on juge : et on se demande ensuite pourquoi on se sent à ce point égaré. Paradoxalement, on parvient à se trouver quand on identifie les similitudes entre les autres et nous : c'est la définition de l'intégration sociale. Plus on prend conscience des points communs qui nous rapprochent des autres, plus nous consolidons notre sentiment d'appartenance au groupe. Plus nous donnons et recevons d'encouragements, plus nous nous sentons en sécurité.

Les antidotes aux problèmes qui nous poussent à poser cette première question sont l'estime de soi et l'intégration sociale. Comment développer ces deux qualités ? C'est le thème des questions suivantes.

2
Quel est le sens de la vie ?

La seule façon d'aborder cette question de façon thérapeutique – et non philosophique – est de la personnaliser : « Quel est le sens de ma vie ? » ou bien « Quel est le sens de la vie pour moi ? » La question perd ainsi son caractère abstrait, qui nous dépasse, et devient concrète, à notre portée. Nous pouvons ainsi faire un choix pour déterminer ce qui compte le plus à nos yeux et identifier les priorités fondamentales de notre vie.

Pour chaque individu, le sens de sa vie est une notion profondément subjective : c'est donc à chacun de la définir. La réponse ne saurait venir de l'extérieur ni se trouver chez autrui : personne ne peut nous l'apporter sur un plateau, que ce soit sous la forme d'un livre ou en cours de thérapie. Au mieux, on peut s'appuyer sur un guide susceptible de suggérer des directions nouvelles, de proposer des idées neuves et éclairantes. Le rôle de ce guide se limitera à montrer les choses sous un jour nouveau et à offrir des alternatives auxquelles nous n'aurions pas pensé tout seul.

La découverte du sens de la vie réside dans l'exploration de soi : on donne un sens à sa propre vie, pas à LA vie en général. La vie sans introspection, ce n'est pas la vie ; au mieux, ce n'est qu'une partie de la vie. L'exploration du soi peut bel et bien représenter la tâche la plus importante de toute une vie. C'est difficile et douloureux, et cela demande beaucoup de courage.

Pour explorer ce que vous êtes et découvrir quel est le sens de votre vie, il vous faut un désir sincère d'acquérir des « yeux » objectifs afin de vous voir tel que vous êtes. Il vous faut renoncer aux mythes, illusions et faux-semblants qui vous ont accompagné et aidé à esquiver le mal de vivre. Il vous faut prendre le parti de laisser tomber vos défenses pour empoigner la douleur « à bras-le-corps ». Ce n'est pas une partie de plaisir; comme la plupart des explorations, celle du soi exige de l'énergie, des encouragements et une ténacité sans faille.

Ce faisant, vous apprendrez l'art d'aimer – d'abord vous-même, et ensuite les autres. Le résultat de cette exploration de vous-même et de votre vie ? Vous vous sentirez intégré et équilibré. Tous les aspects de votre personnalité – mental, affectif, spirituel et relationnel – travailleront en harmonie les uns avec les autres. Vous serez en paix avec vous-même et avec le monde extérieur.

Pour entamer ce processus d'exploration de votre vie, le plus facile est de commencer par étudier le sens de la vie dans ces petits actes de courage qu'exige le quotidien. Une autre chose qui peut vous aider, c'est de reconnaître que votre vie se vit dans l'instant présent, ici et maintenant. Il faut un certain courage pour se concentrer sur l'instant présent et cesser de « sauter » du passé à l'avenir. Une autre décision demandant du courage – car elle va à contre-courant des opinions généralement admises en Occident – est de considérer que l'argent est remplaçable mais pas le temps.

On trouve un sens à sa vie quand on comprend ce que sont le paradoxe, l'apprentissage et l'humour.

Le concept de paradoxe fait l'objet de la question suivante : la vie est paradoxale à tous les niveaux.

Le concept d'apprentissage se comprend facilement grâce à la métaphore du théâtre : la vie présente est une comédie que l'on répète en vue de ce qu'il y a après la mort. Or, une répétition permet aux acteurs d'apprendre leur rôle tout en leur laissant la possibilité de faire des erreurs. Si nous avons la chance d'avoir un bon metteur en scène, notre apprentissage s'accompagnera d'encouragements. Cependant, à la différence d'une pièce de théâtre, dans la vie, nous ne savons pas quand aura lieu la première. Nous avons donc tendance à prendre cette répétition au premier degré. Vivre équivaut à répéter; d'ailleurs, la vie est un processus.

Le troisième concept, l'humour, nous procure un pont permettant de nous accommoder des contradictions de la vie et de la mort, de la santé mentale et de la folie, du bien et du mal. Grâce à l'humour, nous apprenons à rire de nous et des autres, nous constatons que la vie n'est pas si sérieuse, ni si importante, ni si insupportable.

3
Qu'est-ce que le paradoxe ?

Le mot paradoxe a été fréquemment employé dans les pages ci-dessus. Le Petit Larousse donne la définition suivante : « ... Chose qui va contre l'opinion commune. Philosophie : contradiction à laquelle aboutit, dans certains cas, le raisonnement abstrait. » Nous pouvons ajouter qu'un événement contraire à nos prévisions représente un paradoxe.

Dans la vie, tout semble en contradiction avec ce que l'on nous a appris à croire. Par exemple, on nous a appris qu'il est mal ou dangereux de nous aimer nous-même et que personne ne nous aimera si nous nous aimons. C'est paradoxal; en effet, plus nous nous aimons, plus nous pouvons faire irradier notre amour vers les autres, et recevoir leur amour en retour. De même, mieux nous satisfaisons nos besoins et désirs, plus nous attirons à nos côtés des gens qui nous proposent leur aide. Entre parenthèses, plus vous assistez les autres – comme on vous l'a appris, c'est-à-dire à votre détriment – plus vous provoquez de rancœur en vous-même et chez les personnes que vous assistez. Autre paradoxe : plus vous vous sentez intérieurement sûr de vous, plus vous pouvez vous montrer ouvert et vulnérable devant les autres, et plus d'autorité ils vous accordent. On nous a appris à nous défendre et à nous protéger, on nous a interdit de sembler vulnérable, faute de quoi les autres profiteraient de nous. Dans la réalité, c'est tout le contraire qui se produit.

La façon la plus facile et la plus rapide de comprendre un paradoxe, c'est l'humour. Riez de vous, riez des autres. Ne prenez rien au sérieux. La vie n'est qu'un jeu dont nous sommes les acteurs. Nous tirons le meilleur de nous-mêmes quand nous baissons notre garde : profitons de la vie et jouons le jeu de façon spontanée. C'est là tout le paradoxe de la vie : apprenez à le goûter.

4

Pourquoi le monde est-il fou ?

Notre époque est ainsi : les hommes confrontés à des problèmes dramatiques sont plus nombreux, et de loin, que les autres. Peut-être faut-il enfin cesser de considérer les individus comme la source de tous les maux et se concentrer plutôt sur leur éducation. Le monde dans lequel nous vivons est fou parce que toute notre instruction nous enseigne des choses folles sur ce que nous devons être, sur la façon dont nous devons vivre et sur ce qui compte vraiment. La civilisation occidentale a adopté une culture de l'action. Ce modèle peut être représenté par le symbole d'une ligne droite, car son objectif est linéaire. Il est centré autour du travail, il tend à nous faire atteindre des buts et convoiter la réussite matérielle. Cette ligne droite commence à la naissance, à la suite de quoi chaque étape est marquée par des réalisations. Chaque pas en avant correspond à l'obtention de nouveaux avantages : un diplôme, une promotion, un mariage, une maison plus spacieuse, des voitures plus nombreuses, un compte en banque mieux approvisionné, etc. Chaque étape est, grosso modo, « plus » que la précédente et « moins » que la suivante. On a toujours devant soi un nouvel objectif à réaliser, et cela jusqu'à la fin; celle-ci n'est pas la mort, mais la retraite. La cessation d'activité représente la fin de la ligne car ce modèle ne s'intéresse pas à la vie sans travail. Il implique que la vie est travail.

Ce modèle, sous-tendu par une philosophie matérialiste, implique un système de vie concurrentiel, tourné vers la réussite et les succès pécuniaires. Hélas, c'est peut-être un excellent modèle pour un des aspects de la vie – la carrière individuelle – mais il est terriblement inadapté aux autres aspects. Or, nous avons hélas généralisé l'application de ce modèle particulier à l'ensemble de notre vie. Nous pensons en termes de buts, de concurrence et de sanctions mesurables dans les domaines spirituel, affectif, relationnel et physique. Il n'est pas étonnant que nous nous sentions à ce point perdus quand nous n'avons plus rien à « faire ».

Cessons donc de nous faire des reproches pour l'éducation inadaptée que nous avons reçue; et commençons à utiliser un modèle plus pertinent pour les autres aspects de notre vie. Les philosophies et religions orientales ont mis au point depuis des siècles un modèle de vie que l'on peut baptiser « modèle d'être ». Le meilleur symbole graphique de ce modèle est un cercle sans commencement ni fin, animé d'un mouvement de spirale vers l'intérieur. Dans ce modèle, impossible de dire s'il vaut mieux se situer à un point de la courbe ou à un autre; il suffit d'être dedans. Effectivement, il suffit d'être. Grâce à sa forme circulaire, ce modèle se recycle en permanence : l'on se retrouve périodiquement à un endroit où l'on était précédemment, mais comme l'on se trouve une spire plus à l'intérieur que la fois précédente, on ne revient jamais au même endroit. Comme je change en permanence, j'ai continuellement l'impression, grâce à mon nouveau point de vue, de tout voir pour la première fois. Comme il n'y a pas de fin connue, il ne peut y avoir d'objectif pour parvenir à cette fin. Donc, le voyage lui-même est le but. Ce qui compte, c'est d'être en chemin, et non d'arriver à destination. La concurrence n'existe pas non plus puisque, à partir du moment où vous vous trouvez quelque part sur la spirale, il est impossible de vous comparer aux positions respectives des autres personnes. Il n'y a pas jugement, faute de matière à juger. Ce modèle est un modèle d'acceptation. Le modèle occidental est paradoxal en ce sens que la plupart des individus espèrent atteindre des objectifs qui sont, en soi, inaccessibles au sein du modèle. Les objectifs de paix, d'équilibre et de force intérieure sont ceux du modèle oriental d'être, qui n'est pas orienté vers des objectifs. Le modèle d'être demande un certain apprentissage parce qu'il est à l'opposé du faire qui nous est plus familier. Cependant, précisons que le modèle oriental n'a pas lieu d'être l'unique modèle pour tous les aspects de notre vie. On peut utiliser le modèle occidental dans certains domaines, comme la poursuite des études et de la carrière et utiliser le modèle d'être pour les autres aspects. Mais attention : le modèle d'être peut créer, comme certaines drogues, une sorte de dépendance. Pour quitter le modèle du faire et expérimenter l'autre, il faut une certaine confiance : cela demande, à un moment ou à un autre, un saut dans le vide; mais souvenez-vous que vous pouvez toujours sauter en arrière. Vous pouvez revenir à ce que vous connaissez mieux; mais demandez-vous d'abord, je vous en prie, si ce modèle s'est révélé efficace pour vous. Savez-vous précisément ce que vous avez besoin de savoir pour en finir avec cette situation démente ? Si la réponse est non, sautez le pas.

5

Pourquoi tant de souffrances ?

Que de souffrances dans la vie ! Nul pays, nulle époque ne sont épargnés. C'est un fait : nous naissons, vivons et mourons dans la douleur. Et même si nous n'éprouvons pas de douleur nous-mêmes, nous en causons aux autres. Il est dans la nature même de la vie de créer de la douleur. Il ne peut pas y avoir de vie – telle que nous la connaissons – sans douleur.

Voilà pour la réponse philosophique à la question. En thérapie, la réponse psychologique est différente; elle correspond à la question réellement posée par le patient : « Pourquoi ne puis-je accepter les souffrances de la vie ? » ou encore : « Pourquoi ai-je tant peur de souffrir ? »

Le modèle activiste, cité dans la question précédente, n'apprend pas à accepter les choses de la vie. Au contraire, il proclame que l'on arrive à tout en faisant plus et mieux. Il enseigne ceci :

1. Nous sommes maîtres de notre destin et par conséquent responsables de ce qui nous arrive, à nous et à notre environnement immédiat.

2. Si nous souffrons, c'est que nous avons fait quelque erreur.

3. Si les gens qui nous entourent souffrent, il y a certainement quelque chose à faire pour que cela cesse.

Le modèle ontologique a également été appelé le modèle de l'acceptation. Pour ceux d'entre nous qui ont été élevés dans le cadre du modèle activiste, l'acceptation est probablement une des choses les plus difficiles qui soient. Accepter la souffrance représente un défi titanesque. Il est difficile de faire le départ entre la souffrance nécessaire (admissible) et la souffrance inutile (inadmissible) : nous y reviendrons. Paradoxe : dès que nous acceptons le fait que nous sommes susceptibles de causer de la souffrance, délibérément ou pas, nous causons moins de souffrances inutiles. Dès que nous acceptons notre impuissance à diminuer les souffrances du monde, notre propre souffrance diminue.

Le héros accepte la souffrance, sait qu'il ne peut rien y changer, mais continue contre vents et marées à faire de son mieux. Le héros fait de son mieux pour lui-même, dans l'instant présent, tout en connaissant et en éprouvant la souffrance; mais il n'en devient pour autant ni cynique, ni désemparé, ni paralysé par la peur de la souffrance. Mieux, il s'avance dans ce monde plein de souffrance sans la comprendre : il n'éprouve pas le besoin d'expliquer la souffrance ni de justifier de son innocence. Le héros cultive nécessairement l'estime de soi et l'intégration sociale. Pour arriver à cela, il faut être capable d'accepter cette vérité : la souffrance fait partie de la vie.

6
Pourquoi ai-je si peur ?

La peur est une émotion élémentaire, que l'on découvre de façon précoce. Elle est nécessaire à la survie de l'espèce et indispensable à la survie du nourrisson. La première peur, celle de l'abandon, est inhérente à la nature humaine : c'est une peur bien réelle, puisque le nourrisson ne survivra pas si on l'abandonne. Si le nourrisson ou le petit enfant n'est pas abandonné et bénéficie, pendant son enfance vulnérable, d'une sécurité suffisante, sa peur de l'abandon, en général, diminue. La peur d'être rejeté peut être considérée comme une composante de la peur de l'abandon. Pratiquement toutes les peurs peuvent être reliées, d'une façon ou d'une autre, à la peur élémentaire de la mort, résultat de l'abandon. Mort, peur, abandon et rejet sont autant de manifestations de notre impuissance quand nous perdons la maîtrise des événements. Nous avons peur de ce que nous ne pouvons pas maîtriser.

Nous avons également peur de ce que nous ne connaissons pas. Comment pourrions-nous maîtriser l'inconnu ? Souvent la peur est synonyme d'insécurité. Comment pourrions-nous nous sentir en sécurité dans un monde que nous ne maîtrisons pas ? Comment n'aurions-nous pas peur d'un monde empli de souffrance ?

La peur, comme la souffrance, fait partie de la vie. Mais la peur de la peur peut aboutir à une vie au rabais :

sans risque, sans exploration, sans défi et sans croissance spirituelle. La peur peut être à l'origine d'un cercle vicieux :

> Perte de sécurité dans le monde = peur
> Peur = insécurité intérieure
> Insécurité intérieure = peur de soi
> Peur de soi = perte de maîtrise
> Perte de maîtrise = peur paralysante
> Peur paralysante = perte de sécurité dans le monde.

Celui qui a peur d'avoir peur se retrouve dans la situation qu'il essayait d'éviter en ayant peur au départ.

Le courage ne se définit pas comme une absence de peur. Le courage, c'est quand on continue à agir en dépit de sa peur. Faire quelque chose dont nous n'avons pas peur, ce n'est pas faire preuve de courage. Le héros a peur, mais agit quand même. Paradoxe : plus nous agissons en dépit de la peur, plus la peur diminue. Et plus nous laissons la peur nous paralyser, plus elle a d'empire sur nous.

Avoir peur est humain. Avoir peur n'est pas synonyme de faiblesse ou d'impuissance. La peur est un sentiment; c'est le comportement qui détermine le caractère. Reconnaissez la présence de votre peur, acceptez-la sans critique, soyez indulgent avec vous-même quand vous avez peur et poursuivez vos activités. Souvenez-vous que le vrai courage consiste à dépasser sa peur : c'est ainsi qu'agit le héros.

7

Est-il « normal » de se sentir inquiet, jaloux, possessif, déprimé ou malheureux ?

Si la réponse à cette question se voulait purement statistique, elle serait assurément affirmative ! Chez la plupart des gens que nous connaissons, nous constatons insécurité, envie, morgue, cupidité, possessivité, dépression, etc. Ce que nous appelons la nature humaine a bon nombre de limitations et de dysfonctionnements. En fait, il est plus approprié de dire que nos maux résultent en grande partie de notre adhésion au modèle activiste. Trop d'entre nous se sont admirablement conformés à ce système défectueux et inadéquat qui ne permet d'aborder la vie ni sainement ni sereinement.

On nous a appris que nous sommes nos sentiments et que nous ne sommes pas responsables de ce que nous ressentons. Nous excusons des comportements déplacés en disant : « Eh oui, tu sais comme il a été perturbé » ou bien « Ce n'est pas de sa faute, elle traverse une mauvaise passe ». On nous a appris à croire que nos sentiments ont barre sur nous, que le comportement des autres nous influence de façon déterminante et que nos réactions ne sont pas toutes en notre pouvoir. Combien de fois n'entend-on pas dire :

– Tu me mets en colère.

– Ce que tu fais me rend jaloux !

– Je ne peux pas leur en vouloir, parce que c'est plus fort qu'eux !

– Le monde me dégoûte, rien ne va comme je voudrais.

On pourrait citer des milliers d'exemples analogues selon lesquels nous rejetons la responsabilité de nos actes et de nos sentiments sur des personnes ou des événements que nous ne maîtrisons pas.

Le modèle activiste – « tu es ce que tu fais » – nous impose de maîtriser non seulement notre destin mais aussi les personnes de notre entourage, de façon à parvenir à nos fins. Il ne nous enseigne pas l'art de nous maîtriser, il ne nous apprend pas ce que sont nos responsabilités.

Si votre but est d'être équilibré, d'agir de façon responsable, d'en finir avec les folies de la vie, d'apprendre l'estime de vous-même et l'intégration sociale, vous ne trouverez guère de réconfort à compter, en ce bas monde, au nombre des victimes frappées par le malheur. Le malheur recherche la compagnie, mais qui donc aspire au malheur, surtout si celui-ci est inutile ? La souffrance inutile est celle qui découle de notre insécurité. L'insécurité n'est pas une caractéristique fondamentale de l'homme adulte. Elle retarde la maturité. La possessivité, la jalousie et la dépression, sans compter d'innombrables autres affections, ne sont pas des maux nécessaires. Leur seule utilité est de prouver que nous avons parfaitement assimilé les leçons du modèle activiste. Il y a suffisamment de souffrances dans le monde auxquelles on ne peut rien. Il est inutile d'en rajouter. En apprenant à nous rassurer, nous pouvons éliminer de notre vie de tous les jours les souffrances inutiles et les drames qui n'en sont pas.

8
Pourquoi la vie n'est-elle pas juste ?

La vie n'est pas juste : c'est une des réalités les plus difficiles à faire admettre à mes patients. En effet, un des postulats du modèle linéaire occidental est que le monde est juste : si on travaille assez dur et assez longtemps, on réalise ses ambitions. Peut-être est-ce notre idéal de liberté, d'égalité et de fraternité pour tous qui nous a conduits à penser qu'ainsi va le monde. De toute façon, quelle qu'en soit la raison, nous voudrions bien que le monde soit juste : c'est un fait. Nous voudrions pouvoir nous fier à quelque chose de solide : nous cherchons des garanties quant à notre sécurité et à notre bien-être. Le fait que ces garanties n'existent pas ne nous empêche pas de les désirer. Beaucoup de nos mécanismes de défense, de nos illusions et de nos dénégations proviennent de ce que nous n'acceptons pas cette réalité simple : la vie n'est pas juste.

La vie n'est pas juste parce que la « justice » implique un jugement de valeur, essentiellement subjectif : le verdict du jugement change en fonction de la personne qui évalue la situation et du moment où elle le fait. Ce qui me semble juste aujourd'hui me semblera peut-être injuste demain ou dans des circonstances différentes, ou avec d'autres personnes. Exemple : la promotion que je me suis tant acharné à décrocher vous est attribuée. D'après moi, c'est injuste mais d'après vous, c'est parfaitement juste.

Et même si aujourd'hui vous convenez avec moi que ce n'est pas juste, le mois prochain vous justifierez le bien-fondé de cette décision par le fait que vous exécutez convenablement votre nouveau travail.

L'importance du concept selon lequel la vie n'est pas juste ne réside pas dans l'explication que l'on peut lui donner, mais dans la façon dont on l'accepte. On peut poser et reposer la question jusqu'à devenir fou : on trouvera toujours des raisons suivant lesquelles la vie devrait bel et bien être juste pour nous; nous pouvons passer des heures à argumenter, à nier l'évidence ou à nous décourager, parce que l'injustice a de nouveau frappé. Les vraies questions d'injustice, où la vie et la mort sont en jeu, ne seront jamais explicables de façon rationnelle. Quand une personne que vous aimez se meurt, il est impossible de trouver un « pourquoi » satisfaisant. On peut savoir de quoi meurt la personne (cancer, crise cardiaque, accident ou autre maladie) mais on ne découvrira jamais pourquoi. Le fait de s'appesantir sur ce pourquoi peut créer des troubles du comportement. La bonne attitude est toute différente : il faut accepter et faire son deuil. Le chagrin a une fin; le deuil est un processus naturel. Mais se demander pourquoi n'a pas de fin, c'est stérile; tôt ou tard, il nous faut renoncer à savoir, accepter la réalité et recommencer à vivre.

Essayer de rendre le monde juste est à la fois destructeur et contraire au but recherché. Beaucoup de gens de bonne volonté s'exténuent à remédier à l'injustice du monde. Certains sont ce que nous appelons des codépendants, certains sont des martyrs vivants, bien peu sont de véritables saints. Les codépendants et les martyrs vivants tendent à ruminer leur colère, leur rancœur, leur envie et leur sentiment d'insécurité. Leur refus d'accepter la réalité les rend amers et malheureux, provoquant en eux des souffrances inutiles qui les empêchent de se développer. Et ça, ce n'est vraiment pas juste !

Paradoxe : le fait d'accepter que la vie soit injuste conduit souvent à des comportements plus objectifs, plus aimants et plus réalistes. Les gens qui acceptent la réalité sont souvent perçus comme plus « justes » que ceux qui s'acharnent à forcer le monde à devenir juste.

9
Quel effet mon passé a-t-il sur moi ?

La réponse à cette question peut faire l'objet de bien des controverses. Les différentes écoles de psychologie se distinguent de façon spectaculaire par l'importance qu'elles accordent à l'influence du passé sur la personnalité. La réponse la plus simple est peut-être la suivante : l'importance du passé est celle que nous voulons bien lui accorder, ou celle que nous avons besoin de lui accorder. Dans les cas extrêmes, cette réponse ira de soi : une enfance vraiment traumatisante crée des obstacles significatifs au développement. Mais en général, il est important de réaliser que nul n'a un passé parfait et que nous avons tous, d'une façon ou d'une autre, connu une famille, un foyer, une éducation ou des amitiés « à problèmes ».

On fait souvent porter au passé la responsabilité d'actes ou de comportements inadaptés dans le présent; en revanche, on attribue rarement au passé le mérite de nos succès ou de nos comportements les plus admirables. Nous nous plaisons à revendiquer le mérite de nos bonnes actions, mais nous rejetons la responsabilité de nos erreurs sur le passé ou sur des tiers.

Cependant, le passé a une importance indéniable puisque c'est lui qui nous a amenés ici et maintenant. Tout ce que nous avons fait et vécu, toutes nos expériences relationnelles, aboutissent précisément à faire de nous ce que nous sommes dans le présent. Il n'y a rien, strictement rien, que quiconque puisse faire pour modifier un élément de son passé : dès lors, on s'étonne de la quantité d'énergie que nous gaspillons à nous occuper de notre passé, énergie qui pourrait être utilisée de façon bien plus productive. Si nous passons une partie significative de notre temps à revivre notre passé (c'est le cas chaque fois que nous éprouvons des remords, que nous élucubrons des « mais si » ou des « si seulement... ») nous passons à côté d'un instant de notre vie. Nous ne vivons pas l'instant présent, nous ne faisons pas de notre mieux ici et maintenant. Nous nous faisons un ennemi de notre passé en le laissant nous voler notre temps, notre vie.

Votre passé, ce sont tous les moments que vous avez vécus jusqu'ici, jusqu'à cet instant où vous me lisez; le passé est dépassé, intouchable, immuable. La meilleure façon de sortir de son passé est de se débarrasser de son influence; c'est encore un paradoxe : conjurez votre passé en lui rendant hommage. Cessez de haïr, de regretter, de lutter; arrêtez de vous désoler et de nier la réalité. Acceptez-la avec tout ce qu'elle vous a apporté et tout ce qu'elle vous a refusé. De toute façon, il n'y a pas de retour en arrière possible. Dans le passé de tout individu, il y a pas mal de « fange », mais également des éléments positifs. Après tout, le passé a eu au moins le mérite de vous conduire jusqu'à l'instant présent : vous avez survécu. Récompensez-vous d'avoir survécu et honorez votre passé pour tout ce qu'il vous a enseigné. Si vous ne parvenez pas à aimer ce que votre passé vous a enseigné, honorez-le quand même pour vous avoir appris ce qui ne fonctionne pas. Tout ce que vous avez appris a de la valeur, ne serait-ce que pour identifier vos priorités en minimisant vos alternatives.

Décidez une bonne fois d'utiliser votre passé à votre profit, de façon optimale. Retenez ce dont vous avez besoin et chérissez-en la mémoire. Soyez objectif. Faites le tri de vos bagages et ne gardez que ce qui peut servir. Détachez-vous du reste : de vos souvenirs, de vos actes, de votre vie. N'ayez plus peur de votre passé, faites-vous aider si cette tâche semble vous dépasser. Il est absolument inutile que vous passiez votre présent et votre avenir à vous occuper de votre passé.

10

Que puis-je faire pour mon avenir ?

Obsession du futur... On la comprend facilement quand on analyse notre modèle activiste : dans ce modèle orienté vers le résultat, il en faut toujours plus. Peu importe ce qui se passe dans le présent, il nous faut nous concentrer sur l'avenir. Celui-ci a malheureusement une caractéristique commune avec le passé : nous ne pouvons pas le vivre maintenant; cette orientation nous extrait donc de l'instant présent, nous éloigne de tout ce que nous pouvons maîtriser et gérer. Tout comme le remords est tapi dans le passé, l'anxiété se cache dans l'avenir. Nous nous braquons tellement vers l'avenir que, quand nous nous posons des questions à propos de lui, nous avons tendance à céder à la panique. Si nous voyons notre avenir raccourci par une maladie ou quelque autre circonstance, nous avons tendance à nous sentir volés et pleins de rancœur. Nous avons tendance à nous voir tels que nous deviendrons et non tels que nous sommes.

Pour la plupart d'entre nous, il ne serait pas réaliste de ne jamais penser à l'avenir. Être adulte, c'est se montrer autonome aujourd'hui et demain. Par conséquent, certaines décisions à prendre ici et maintenant doivent tenir compte de l'avenir. Nous avons parfaitement le droit de faire aujourd'hui une chose dans l'espoir d'en obtenir une autre demain; nous faisons ce pari que les plans échafaudés aujourd'hui se concrétiseront dans l'avenir. Mais il faut bien garder présente à l'esprit la chose suivante : l'image de l'avenir que nous nous faisons maintenant est une simple projection, sans garantie. De l'avenir, rien n'est certain. Il est vain de croire que nous pouvons maîtriser ce qui nous arrivera.

Paradoxe : plus nous nous appliquons dans le présent, plus nous nous concentrons pour faire tous nos efforts ici et maintenant, et plus l'avenir semble se simplifier. A peine apprenons-nous que nous ne pouvons pas maîtriser notre avenir, à peine renonçons-nous à l'illusion de cette maîtrise, que la chance se met à nous sourire; et si ce n'est pas le cas, si nous sommes frappés par des calamités, nous sommes davantage capables de les accepter et de nous en sortir. Nous sommes des survivants : notre avenir n'est jamais aussi sinistre et désolé que notre peur de l'avenir pourrait nous le faire craindre. Détendons-nous.

La question titre de ce chapitre, nous ne nous la posons jamais tant que nous profitons du présent et que nous nous sentons intérieurement sûrs de nous. Il est totalement vain d'entretenir de l'angoisse à propos de l'instant présent. Il est inutile de céder à la panique alors que nous pouvons faire quelque chose. Dans l'instant présent, nous pouvons respirer profondément pour nous calmer, étudier les alternatives qui s'offrent à nous, accueillir nos sentiments, nous accepter tels que nous sommes, faire des choix, des expériences, voire même nous conduire en héros. Rien de tout cela ne peut être fait dans l'avenir. Dans l'immédiat, le mieux que nous puissions faire avec notre avenir est de gâcher l'instant présent en rêvant de devenir un héros.

Souvenez-vous : le temps n'est pas remplaçable. Vivons bien l'instant présent, essayons de demeurer dans l'ici et maintenant et il n'y aura jamais lieu de cultiver angoisse ni regrets.

11

Avons-nous vraiment besoin de remords et d'angoisse ?

Le remords et l'angoisse ont tous les deux un effet puissamment destructeur. Comme le moi faible, ils ont pour rôle de nous mettre mal à l'aise vis-à-vis de nous-mêmes. Ils paralysent notre activité et nous empêchent de fonctionner au mieux de nos capacités. Ils n'ont aucun rôle positif dans l'instant présent. Quand nous vivons l'instant présent, nous n'avons de temps ni pour le remords ni pour l'angoisse; nous vivons notre vie au lieu de la juger.

Nous n'avons pas besoin du remords car nous avons une conscience. Dans ce contexte, remords et honte sont équivalents. Notre conscience nous prévient quand nous avons fait quelque chose de mal. La conscience nous envoie un message qui dit à peu près : « Aïe, ça, c'était un mauvais comportement » ou bien « Je souhaiterais ne pas avoir dit ou fait cela ». Nous pouvons nous représenter notre conscience sous les traits d'un doux précepteur, qui nous explique instant par instant comment évolue notre vie et ce qu'il faudrait y changer. Dès le moment où nous avons confiance en nous, nous pouvons faire confiance à notre conscience.

Le remords en revanche est un dictateur malveillant. Il nous rabâche que nous sommes mauvais, que notre personnalité dans son ensemble est inadaptée, mauvaise ou égoïste. Le remords isole un acte, une pensée ou un sentiment et l'extrapole à l'ensemble de la personnalité. Le remords nous submerge d'images négatives, il nous donne l'impression d'être faible et sans ressource. Voilà pourquoi sa dictature est si efficace : il acquiert rapidement la maîtrise de notre nature, de notre comportement et de notre vie.

Le remords est insidieux en ce sens qu'il favorise la récidive du « mauvais » comportement. C'est un cercle vicieux, un serpent qui se mord la queue. Le mécanisme du remords est en général le suivant :

1. On commet un acte méchant, égoïste ou destructeur vis-à-vis de soi-même ou d'un tiers, bref quelque chose dont on sait pertinemment que c'est mal.

2. On commence à en éprouver du remords.

3. Le remords augmente.

4. Le remords ronge et dévore, la souffrance est insupportable.

5. On part à la recherche d'un moyen d'échapper à cette souffrance.

6. On entreprend de justifier son comportement grâce à des facteurs extérieurs. Par exemple : « S'il avait fait ceci, je n'aurais jamais fait cela... ».

7. On augmente l'importance des prétextes extérieurs jusqu'à justifier et excuser son comportement.

8. On se pénètre de ces faux-semblants.

9. On récidive.

Excellent exemple de ce cercle vicieux : les ménages de drogués. Prenons un couple dont l'un des membres se drogue; l'autre est souvent un codépendant et chacun fait retomber sur son conjoint la responsabilité de son propre comportement, suivant le cercle vicieux décrit ci-dessus. Voici à peu près le raisonnement du drogué : « Je me drogue mais j'ai honte (ce qui prouve que je suis quelqu'un d'épatant); quand mes remords sont insupportables, je transfère sur toi ma culpabilité : je justifie ainsi mon comportement et me procure de bonnes raisons de persister ». Ce cercle vicieux n'existe qu'au sein de couples où aucun des deux ne s'assume. Un adulte est responsable de ses actes. Un adulte ne se ronge pas de remords. Assumons nos actes, cessons de cultiver le remords. La prochaine fois qu'un remords nous vient à l'esprit, tranchons dans le vif : disons-nous simplement que nous avons fait quelque chose qui nous déplaît; tirons-en les leçons; la fois suivante, ne recommençons pas à faire la même chose. Remercions notre conscience. Récompensons-nous d'assumer nos responsabilités. Détachons-nous du remords.

De la même façon, l'angoisse est inutile. Qu'est-ce que l'angoisse ? Elle consiste à rêver à un événement dont nous souhaitons qu'il ne se produise pas. Elle consiste à se faire du souci à propos d'événements qui ne se sont pas encore passés. Une fois que cette circonstance se présente, nous pouvons prendre des mesures en conséquence. Que de fois ne nous sentons-nous pas soulagés quand quelque chose dont nous avions peur se produit enfin ? Nous pouvons ajuster notre comportement à n'importe quel événement présent, mais nous ne pouvons jamais remédier à quoi que ce soit en cultivant l'angoisse. Elle est profondément inutile. L'angoisse commence parfois comme un mauvais rêve éveillé, et elle évolue rapidement en cauchemar. Comme le remords, l'angoisse nous arrache au présent et nous transporte dans un no man's land de douleur, de découragement, de gâchis et de perte de temps. Détachons-nous de l'angoisse. Vivons l'instant présent sans remords ni anxiété. Pour mordre dans la vie à belles dents, nous n'avons besoin ni de l'un ni de l'autre.

12

Le mal existe-t-il ?

Oh, que oui !

Voici venu le moment d'exposer un paradoxe qui est un vrai bijou : si vous vous tourmentez en vous demandant si vous êtes mauvais, il y a de très fortes chances pour que vous soyez bon. Le mal authentique ne laisse place ni au doute ni à l'introspection.

Il faut clairement faire la différence entre le mal et la personne qui le commet; les mystiques chrétiens disent qu'il faut haïr le péché mais non le pécheur. Il nous est arrivé à tous (et il nous arrivera encore) de commettre des choses mauvaises – inappropriées, égoïstes, causes de souffrances – car nous sommes des hommes et que l'homme est imparfait. Ces comportements ne nous définissent pas comme des gens mauvais. Cette erreur est semblable au remords : il ne faut pas juger l'ensemble de la personnalité sur un seul acte. Si nous nous obstinons à commettre en permanence des actes nuisibles à nous-mêmes ou à autrui, il se peut que nous devenions mauvais. Un examen de conscience s'impose pour décider quand arrêter, comment changer et nous racheter. « Errare humanum est, perseverare diabolicum » : si nous persévérons dans un comportement nuisible à nous-même et aux autres sans jamais le remettre en question ni reconnaître que nous pouvons faire du mal, nous risquons de finir par devenir mauvais.

Le postulat sous-jacent à la théorie de l'estime de soi est que la nature humaine est bonne. Le manque de discernement n'équivaut pas au mal; il se rapproche davantage de la maladie ou du handicap, tout comme l'absence d'un membre est un handicap. La nature du mal implique un choix. Si nous n'avons pas les compétences nécessaires à la prise d'une décision, soit nous ne pouvons pas décider, soit nous ne pouvons être tenus responsables de notre décision. On peut définir le mal comme un choix de ne pas faire le bien. On le rencontre le plus souvent chez ceux qui consacrent toutes leurs énergies à « avoir l'air » et refusent de se remettre en question. Les exigences du mal sont à l'opposé de l'estime de soi : pas d'introspection, pas de responsabilité pour les conséquences de nos actes, refus d'envisager la possibilité que nous pouvons commettre le mal (c'est-à-dire être humain). Il est intéressant de constater que, à force de rejeter sur des facteurs ou des sujets extérieurs la responsabilité de nos actions – comme dans le cercle vicieux du remords –, nous courons le danger de devenir bel et bien mauvais. On imagine facilement une personne mauvaise tourmentée par les remords, qui refuse de modifier son comportement, persiste dans son attitude vicieuse et accuse le monde entier de cette triste situation. La façon la plus sûre d'éviter le mal est de cultiver l'estime de soi et de reconnaître que nul n'est parfait.

13
Pourquoi ma nature est-elle bonne ?

Cette importante question, fondamentale en philosophie, ne peut réellement se poser en thérapie qu'à un stade avancé, une fois que le patient a remis en question le modèle activiste, son éducation et la nature du bien et du mal. La plupart d'entre nous sont convaincus que la nature humaine est mauvaise, qu'elle a besoin de punitions et de garde-fous pour l'empêcher de se donner libre cours.

Il existe une école de pensée qui définit l'homme comme ontologiquement mauvais. C'est de cette philosophie que se réclament les tenants d'une autorité rigide, les partisans d'institutions (telles que l'Église et l'État) destinées à discipliner les masses. Ces institutions ont recours à des châtiments pour maintenir l'ordre, pour soumettre les gens par la peur et pour réfréner les manifestations de notre nature intrinsèquement perverse. Cette école est convaincue que l'homme est incapable de prendre ses décisions : il lui faut être guidé d'une main ferme (c'est-à-dire dictatoriale) qui empêche la populace de se déchaîner. William Golding a écrit sur ce thème un roman terrifiant intitulé « Sa Majesté des mouches ».

L'école adverse postule que l'homme est intrinsèquement bon (à l'image de Dieu) et que, mis devant un choix, il préfère choisir le bien, même si c'est plus difficile et amène à suivre des voies plus compliquées que le mal.

Paradoxe : le fait de faire le bon choix a beau être difficile, cela conduit à une vie plus facile. Souvent, le bon choix fait que nous nous sentons bien alors que, si nous choisissons la facilité, nous nous sentirons peut-être mieux à court terme, mais nous finirons par tomber dans le mal. Un exemple admirable de ce paradoxe se trouve dans le concept d'assistance. D'après le modèle activiste, toutes les formes d'assistanat sont bonnes; or, c'est faux : les gens que l'on materne ou que l'on déresponsabilise ne peuvent pas se sentir maîtres de leur vie. Donc, le choix du bien et la maîtrise de ce choix reviennent à l'assistant et non pas à l'assisté : le résultat est en contradiction avec l'intention initiale. Une perversion évidente consiste dans le fait d'attribuer tout le mérite à l'assistant sans laisser à l'assisté la moindre maîtrise des conséquences. On voit dans cet exemple que le choix initial de laisser chacun prendre sa vie en main est le bon choix même si ce n'est pas le plus facile. Faire des choix, cela s'apprend et cela se pratique. On touche du doigt le fait que la nature humaine est bonne grâce à un processus d'apprentissage par l'erreur.

La nature humaine est bonne. Nous sommes bons. C'est à nous qu'il appartient de donner libre cours à nos qualités. Nous sommes faits pour assumer la responsabilité de nos vies et de nos actes. Nous sommes capables de subvenir à nos propres besoins. Nous pouvons nous convaincre que nous sommes bons, que les autres sont bons. Ainsi, nous pouvons devenir des modèles.

14
Qu'est-ce que la psychothérapie ?

Posez la question à dix psychologues : vous obtiendrez dix réponses différentes. La psychothérapie est un échange et, comme tout échange, il n'est satisfaisant que lorsque les deux parties concernées sont contentes. Les écoles de psychothérapie ne manquent pas : gestalt-thérapie, thérapie humaniste, analytique, comportementale, cognitive ou primale, entre autres ; toutefois, pour arriver à un résultat positif, ce qui compte le plus, ce ne sont pas tant les postulats de l'école correspondante mais la relation qui se crée entre le patient et son psychologue. Il n'est pas inutile, certes, de savoir quel type de psychothérapie l'on entreprend mais la variable la plus importante, et de loin, est la confiance que vous inspire votre psychologue. A certaines étapes du processus thérapeutique, il se peut que vous soyez agacé, voire exaspéré, par votre psychologue : c'est normal ; mais la confiance doit toujours être présente. Le deuxième facteur fondamental, c'est la compétence. La formation et l'expérience sont également des variables significatives. Les psychologues sont des êtres humains. Tous les êtres humains peuvent se tromper, même les psychologues.

Paradoxe : il est plus facile de faire confiance à quelqu'un qui reconnaît s'être parfois trompé qu'à quelqu'un qui affirme avoir toujours raison.

Avant tout, la psychothérapie est un processus qui, à bien des égards, ressemble à la vie. Au cours d'une psychothérapie, deux personnes, le psychologue et son patient, se penchent ensemble sur la vie d'une personne. Ce type d'attention et de concentration peut se révéler puissamment fécond. Souvent, le patient a tendance à n'exiger de son psychologue que de l'attention, laquelle peut déjà avoir des effets bénéfiques. Mais pour une psychothérapie efficace, il faut davantage que de l'attention. Dans toute psychothérapie, il existe une importante composante d'apprentissage. Certaines écoles se veulent plus directives, et certains psychologues ressemblent à des professeurs. D'autres écoles sont plus discrètes et le rôle de l'enseignant plus effacé. Mais le processus de changement comporte nécessairement un enseignement, l'apprentissage d'une nouvelle façon d'être et d'agir et une restructuration des schémas mentaux.

Beaucoup de patients demandent à leur psychologue de prendre leur vie en charge. C'est une grossière erreur. Il ne faut pas non plus demander au psychologue de donner des conseils, de résoudre des problèmes, de prendre des décisions même si, exceptionnellement, l'occasion peut s'en présenter. Une psychothérapie qui aboutirait à une relation de dépendance passive ferait le plus grand tort au patient. Le but principal de la psychothérapie est d'aider le patient à devenir indépendant, capable de penser et d'agir par lui-même. Parmi les buts secondaires, on peut citer la maturité, l'efficacité, la maîtrise de soi et le fait de se sentir mieux avec soi-même.

Les psychothérapies prônant l'estime de soi ont en commun l'encouragement du patient. Elles ressemblent en cela à d'autres psychothérapies de soutien : le psychologue accepte sans réserve son patient et veille à conserver une attitude d'accueil bienveillant. Cela ne signifie pas que le psychologue aime tous les aspects de la personnalité ou du comportement de son patient. Mais il l'accepte tel qu'il est, l'encourage à évoluer et récompense chaque tentative pour modifier son comportement.

Ce livre ressemble à une psychothérapie car il tente d'enseigner un nouveau modèle de vie, et une façon nouvelle de se regarder soi-même; il cherche à fournir davantage de choix et d'options. Il y a deux images que j'emploie volontiers : la psychothérapie consiste à mettre dans la caisse à outils du patient de nouveaux instruments de façon à ce qu'il dispose en toutes circonstances de l'outil approprié; ou encore à rajouter de nouvelles couleurs sur sa palette, pour lui permettre d'élargir son répertoire et de réaliser des œuvres de meilleure qualité artistique.

La mission essentielle du psychologue consiste peut-être à encourager son patient. Tous les patients se sentent d'une façon ou d'une autre découragés, voire dégoûtés. Pour agir au mieux dans ce monde de fous, il faut du courage. Grâce à ses encouragements, le psychologue fournit à son patient un terrain fiable où celui-ci peut tester des idées neuves et se familiariser avec de nouveaux outils.

15

Pourquoi mon psychologue ne peut-il me guérir une fois pour toutes ?

Nul être humain ne peut en changer un autre. Un point, c'est tout.

La seule personne que je puisse changer, c'est moi; et nul ne peut me changer. Si certains s'attribuent le mérite de mon changement, c'est que je leur en ai donné l'autorisation (explicitement ou pas). Mon changement ne dépend que de moi. C'est moi qui choisis ce que je fais et ce que je ne fais pas. C'est moi qui décide de cultiver certaines pensées et sentiments, et de m'en interdire d'autres. C'est moi qui décide d'agir en toute indépendance et de m'affirmer. Si j'en viens à abdiquer toute dignité et à me remettre entre les mains d'un tiers, je puis lui donner temporairement barre sur moi, mais il m'est loisible de reprendre mon indépendance à tout moment.

C'est moi, c'est moi, c'est moi : les répétitions du paragraphe ci-dessus soulignent le fait que chaque individu a la maîtrise de sa vie. Même si l'on a l'impression que des choses nous échappent, la responsabilité de cette abdication nous incombe en totalité.

Nos choix nous appartiennent. Nous sommes intrinsèquement des êtres libres. Pourquoi ce concept semble-t-il si difficile à accepter par tant de gens ? Probablement parce qu'à l'origine, pendant notre enfance, nous étions dépendants et incapables de faire nos choix. Nos parents avaient sur nous un pouvoir totalitaire : nous dépendions entièrement d'eux pour notre survie. Au début de notre vie, nous nous sentions totalement dépendants mais quand nous avons commencé à nous affirmer – en général vers l'âge de deux ans – on nous a trouvés « insupportables », on nous a bien trop souvent punis de ne pas nous montrer sages ou dociles. Ainsi, nous avons appris à redouter d'être « méchants », c'est-à-dire, hélas, de faire ce que nous avions envie de faire.

L'amour est un besoin humain fondamental; un nourrisson propre et bien nourri peut mourir si on le sèvre de contacts physiques et de témoignages d'affection. Notre peau a besoin de contact, notre corps a besoin d'être pris dans les bras, notre esprit a besoin de se sentir aimé. Nous sommes prêts à n'importe quoi pour satisfaire ces besoins-là. Le prix est parfois si élevé que nous avons l'impression de nous en remettre aux autres en totalité. Notre éducation consiste à abdiquer notre autonomie, en échange de l'amour de ceux qui ont autorité sur nous. Hélas, cet amour en retour ne vient pas.

Paradoxe : les gens aiment les personnalités intactes, responsables et autonomes davantage que les individus sans ressource et assistés.

Pendant notre enfance et notre adolescence, nous apprenons qu'il est dans la nature des choses d'être contrecarrés par nos parents, nos enseignants et nos camarades plus forts. Quand donc apprenons-nous qu'il est temps de nous affirmer ? Si nous avons de la chance, dans le cadre de relations amoureuses épanouissantes, ou en ayant sous les yeux des modèles à imiter; dans le cas contraire, au contact d'un psychologue avisé.

Mais personne ne peut vous changer, pas même votre psychologue, ni la personne qui vous sert de modèle, ni votre conjoint. Cependant, ces derniers peuvent vous procurer une atmosphère et un environnement favorables à votre changement. Ils peuvent vous encourager à vous affirmer, à exercer vos capacités en totalité, à prendre des risques, à faire des erreurs et à savoir que vous êtes accepté et estimé quoi qu'il arrive.

Nul ne peut vous changer. Corollaire : vous ne pouvez changer personne, si ce n'est vous-même. Votre psychologue est là pour vous aider à concentrer votre attention sur vous. Le temps et l'énergie que vous consacrez à vous changer aboutiront à vous faire sentir plus puissant et maître de votre destin; vous tirerez profit de ce que vous faites, et le mérite vous en reviendra.

16
Qu'est-ce que la réussite ?

Le modèle linéaire occidental est orienté vers la réussite Dans le cadre de ce modèle, la réussite se définit pa l'accumulation de biens matériels ou l'obtention d'un sta tut social élevé. L'image que nous nous faisons du succè est celle d'un couple en voiture de luxe, portant des bijou coûteux, des vêtements à la mode et des chaussures su mesure. Pour la plupart, nous pensons que la réussite est quantitativement mesurable, que nous pouvons facilement la définir et la convoiter. Les gens qui ont réussi sont ceux qui ont réalisé leurs ambitions matérielles. Les autres sont des ratés. Les attributs de la réussite sont donc l'instruction, l'argent et le pouvoir. Le manque d'instruction, d'argent et de pouvoir – ainsi que d'ambition – sont les attributs de l'échec. Il est important de remarquer que dans ce modèle, tous les étalons du succès sont extérieurs au soi. Ils sont tous liés au « paraître » : l'estime de soi dépend en totalité d'autres personnes ou d'événements extérieurs. Et du fait qu'ils sont externes, ils ne sont pas permanents. Comme il est curieux d'être hautement respecté un jour et vilement méprisé le lendemain, du simple fait d'un krach boursier, d'une guerre ou d'une catastrophe naturelle !

Le modèle activiste pose également un autre problème. Il existe des gens – nombreux – qui appliquent avec ferveur la recette : ils étudient avec zèle, travaillent de toutes leurs forces, rencontrent les gens bien placés et font tout ce qu'il convient; mais ils ne réussissent pas. Ce n'est pas de leur faute, ils n'y arrivent pas. En dépit du postulat implicite dans le modèle activiste – chacun est maître de son destin –, le succès tel que nous l'avons défini plus haut ne dépend pas de nous. La chance, le hasard et le destin jouent un rôle important dans le succès des entreprises humaines. Or, ils ne figurent en général pas dans le modèle linéaire car nous n'avons aucun empire sur eux.

Dans le modèle ontologique, il n'y a pas de définition de la réussite. La réussite, c'est être. Vous avez survécu, vous êtes : c'est suffisant. La seule façon de mesurer votre réussite à l'aune de ce modèle, ce serait de savoir quelle opinion vous avez de vous-même. Si vous vous aimez, même lorsque votre environnement s'effondre, alors vous avez réussi. Si vous ne vous aimez pas, vous n'êtes pas un raté. Simplement, vous n'avez pas encore appris à vous aimer. Cette définition de la réussite est interne, nous en sommes les maîtres.

Paradoxe : le modèle oriental admet et intègre l'existence de la chance, du hasard et du destin, et ne cherche en aucun cas à les maîtriser. Ils sont totalement extérieurs au soi et échappent à la maîtrise de l'individu; or, tous les éléments dont nous avons la maîtrise sont intérieurs à la personne. L'individu dont l'être est en accord avec ce modèle a davantage de maîtrise, concrètement, que l'activiste du modèle occidental; et ceci en dépit du fait que le modèle occidental se présente comme une recette pour acquérir le pouvoir, la maîtrise, et la réussite.

Je peux réussir. Je puis maîtriser ma réussite, de la seule façon qui compte en définitive, et aux yeux de la personne la plus importante de ma vie : moi-même.

17
Qu'est-ce que Dieu a à voir là-dedans ?

Si vous êtes croyant, tout.

Sinon, rien.

Les deux positions sont envisageables dans le processus d'apprentissage de l'estime de soi. Souvenez-vous : le modèle circulaire est un modèle d'acceptation. Nous sommes ce que nous sommes. Nous croyons ce que nous croyons. Il ne nous revient pas de croire à la place des autres, ni de les convertir à nos convictions.

Je me suis lancée dans cette théorie et je me suis fixé mon style de psychothérapie à une époque où je doutais de l'existence de Dieu. A présent, j'ai une foi inébranlable en Lui. Pour moi, Dieu et le bien font partie du même tout. Notre nature intérieure est bonne parce qu'elle est divine, et nos efforts visent à entrer en relation avec le divin qui se trouve en dehors de nous.

J'invite les non-croyants à remplacer le concept de Dieu par celui de bonté. Pour ceux qui ne croient pas en la bonté, ce livre ne peut avoir de signification, pas plus que le concept d'estime de soi.

18
Quelle est *la* question ?

Une fois que l'on a décidé de se situer sur la spirale du modèle ontologique, que l'on a choisi de cultiver l'estime de soi, de s'aimer soi-même et se traiter de façon aimante quelles que soient les circonstances, il ne reste qu'une question à se poser. Cette question est la suivante :

– Quel sentiment ai-je de moi dans l'instant présent ?

C'est une question qu'il faut se répéter fréquemment, surtout lorsque l'on commence à apprendre l'amour de soi-même et que l'on entreprend de se comporter de façon aimante vis-à-vis de soi. Il faut se poser cette question à la suite de pensées, de comportements, d'actes et de réactions. Cette question remplace à la fois « Comment me perçoit-on ? » et « Qu'est-ce qui ne tourne pas rond ici ? » C'est la question qui va nous donner la clé de la connaissance de soi et de la confiance en soi; elle va nous permettre de mettre l'accent de façon précise sur ce que nous pouvons maîtriser et modifier.

19

Quelle est *la* réponse ?

Cette question a deux réponses possibles et aboutit à deux comportements différents, en fonction de la réponse donnée à la question précédente : « Quel sentiment ai-je de moi dans l'instant présent ? »

Réponse 1 : « Je me sens bien. J'assume ce que j'ai fait, pensé ou dit. Je fais de mon mieux. »

Comportement 1 : Récompensez-vous. Faites-vous un clin d'œil ou adressez-vous un sourire dans le miroir. Achetez-vous une petite gâterie. Dites-vous quelque chose de gentil. Par exemple : « Bravo ! »

Réponse 2 : « Je me sens mal. Je n'aime pas ce que je viens de faire, dire ou penser. Je préférerais que cela n'ait jamais eut lieu. Je n'arrive pas à l'assumer. »

Comportement 2 : Ne vous châtiez pas. Ne vous injuriez pas. Ne vous morfondez pas dans la culpabilité. Décidez simplement d'agir différemment la fois suivante, d'essayer un autre comportement ou une autre pensée.

Rappelez-vous : c'est en forgeant que l'on devient forgeron, et tout le monde peut se tromper. En tirant enseignement de vos erreurs, vous élargirez votre répertoire et améliorerez votre dextérité dans l'utilisation de vos nouvelles compétences. Errare humanum est. Il vous arrivera encore de faire des choses qui vous déplaisent, qui vous mettent mal à l'aise. Du fait que vous êtes un homme, vous avez le droit de commettre des erreurs. Grâce à votre estime de vous-même, vous parviendrez à vous pardonner vos erreurs. Rachetez-vous. Présentez-vous des excuses puis tournez la page. Reprenez le cours de votre vie.

II
DÉFINITION DES CONCEPTS

20
Qu'est-ce qui dépend de moi ?

Notre modèle activiste occidental insiste sur la maîtrise, il nous enseigne que le pouvoir et la maîtrise sont des buts enviables. Hélas, ce que nous enseigne ce modèle n'est qu'une illusion de maîtrise. Dans le monde entier, il n'y a que deux choses que nous pouvons contrôler :

1. la façon dont nous décidons de nous percevoir;
2. nos comportements, fondés sur cette perception.

Rien d'autre n'est entre nos mains. Seules exceptions : les très jeunes enfants. Nous avons, jusqu'à un certain point, une certaine autorité sur leur comportement; nous avons une maîtrise évidente de ce que nous leur enseignons et de la façon dont nous leur apprenons à se percevoir eux-mêmes. Dès que nos enfants entrent dans l'adolescence, nous nous apercevons rapidement, et parfois douloureusement, combien l'autorité que nous avons sur eux est limitée.

Si nous n'avons pas la maîtrise de quelque chose, nous ne saurions en endosser la responsabilité pleine et entière. Combien de fois ne nous accablons-nous pas sous le poids de la responsabilité d'autrui, ou de conséquences dont nous n'avions pas la maîtrise au départ ? Ce concept de maîtrise est fondamental pour comprendre le modèle ontologique et cultiver l'estime de soi. Aussi longtemps que nous nous berçons d'illusions de maîtrise et nous sentons responsables de choses qui nous échappent, nous ne sommes pas pleinement en contact avec la réalité de notre existence : nous ne pouvons acquérir la maîtrise de nous-mêmes.

Une précision importante à propos du premier point ci-dessus, à savoir la façon dont nous décidons de nous percevoir : il ne s'agit ni de nos sentiments en général ni de la façon dont nous percevons le milieu extérieur. La façon dont nous nous percevons découle d'un choix, nous en avons la maîtrise. Nos sentiments, en revanche, nous ne les choisissons pas : ils échappent à notre contrôle. Nous portons en permanence avec nous tous nos sentiments; il nous arrive par exemple d'éprouver de la tristesse sans savoir pourquoi. Le même événement peut susciter en nous plusieurs sentiments, ou des sentiments différents en fonction du contexte.

Supposons par exemple que vous traversiez une rue, sans état d'âme particulier; survient une voiture en excès de vitesse qui manque de vous écraser. Vous éprouvez alors de la fureur, de la tristesse ou de la résignation, ou un panachage de ces trois sentiments. Ou encore, si vous êtes de bonne humeur, vous vous contentez de bénir votre chance de vous en sortir indemne.

Nos sentiments apparaissent en nous de façon spontanée, nous n'en avons pas la maîtrise. La façon dont nous nous percevons, c'est un choix : nous pouvons la maîtriser. Nous pouvons choisir de nous aimer ou de nous mépriser. Une fois la décision prise, nos comportements, auxquels se réfère le deuxième point cité ci-dessus, se conformeront à notre sentiment dominant. Si nous décidons de nous aimer, nous choisirons de nous comporter vis-à-vis de nous-mêmes de façon aimante et attentionnée. Nous nous accepterons, nous nous pardonnerons et nous nous traiterons avec davantage de douceur. Si nous décidons de ne pas nous aimer ou si nous ne prenons aucune décision (ce qui est un choix en soi), nos comportements resteront dictés par notre éducation de base : nous nous mépriserons et nous critiquerons, rejetterons nos responsabilités sur des facteurs extérieurs et exigerons de nous-mêmes la perfection. La façon dont nous nous traitons dépend entièrement de nous; le fait que le monde extérieur nous maltraite n'est pas une excuse pour nous maltraiter nous-mêmes.

Vous n'avez pas la maîtrise de la façon dont le monde extérieur vous traite. En revanche, la façon dont vous traitez le monde extérieur est entre vos mains. Vous avez la maîtrise de vos actes non seulement vis-à-vis de vous-même, mais également vis-à-vis des autres. Rappel : ne confondons pas action et sentiment. Notre comportement est l'expression consciente de nos sentiments, nous seuls pouvons décider de nos actes.

Certains remarqueront que, dans la liste des choses dont nous avons la maîtrise, je n'ai pas fait figurer la maîtrise des autres. Ce n'est pas une omission, c'est la réalité.

21
Qu'est-ce que l'estime de soi ?

L'estime de soi peut se définir de bien des façons; elle consiste à s'aimer et se respecter soi-même, à se mettre à la première place et à répondre à ses propres besoins. Elle consiste à s'accorder la considération que l'on mérite, c'est-à-dire la plus haute. Il ne faut pas se contenter de s'aimer soi-même, il faut se comporter vis-à-vis de soi avec amour en toutes circonstances. La façon la plus simple et la meilleure de concevoir l'estime de soi, c'est d'imaginer que l'on aime profondément quelqu'un, que l'on a toujours le plus vif plaisir à rencontrer cette personne et à lui parler, que l'on ne souhaite rien autant que passer du temps avec elle, que l'on pense à elle avec tendresse et que l'on s'efforce de tout faire pour lui complaire. Cette personne bien-aimée est la plus importante du monde à nos yeux, et nous cherchons à tout faire pour qu'elle le sache. A présent, mettez-vous à la place de cette personne et agissez exactement de la même façon vis-à-vis de vous-même. Voilà ce qu'est l'estime de soi.

S'aimer, prendre soin de soi-même : c'est exactement le contraire de ce que l'on nous a appris à faire et à penser. On nous a appris à estimer les autres, ou des éléments extérieurs à nous; on nous a appris à mesurer notre valeur personnelle d'après ce que nous possédons ou d'après la façon dont on nous aime. C'est la définition même du moi faible : notre valeur dépend de facteurs extérieurs à nous-mêmes, d'éléments dont nous n'avons pas la maîtrise. Quand l'opinion que nous avons de nous-mêmes est fondée sur l'amour d'un tiers, sur notre emploi, sur notre salaire ou sur notre « réussite », nous sommes dans une situation à haut risque : nous nous exposons à de cuisants échecs. Tous les facteurs extérieurs à nous-mêmes sont éphémères et transitoires; ils ne sont pas « nous », nous n'avons aucune garantie de les conserver. Par conséquent, si nous confions à des variables externes les sentiments que nous éprouvons vis-à-vis de nous-mêmes, si nous éprouvons de l'estime pour nous-mêmes à condition d'être aimés ou de bénéficier d'une bonne situation, que va-t-il nous arriver si ces circonstances changent, si notre couple se défait ou que nous nous retrouvons au chômage ? Notre estime de nous-mêmes s'évapore en même temps que les circonstances qui l'avaient générée. Nous nous sentons abandonnés, déprimés, dépouillés. Cela a beau être la façon « normale » de faire en Occident, c'est fou. Car tout change en permanence : pourquoi lier notre estime de nous-mêmes à des facteurs qui nous échappent ?

Rappel : les seules choses dont nous avons la maîtrise, ce sont la façon dont nous nous percevons nous-mêmes et nos actes découlant de ces sentiments. Si nous décidons de nous aimer et de nous traiter de façon attentionnée, si nous choisissons de cultiver l'estime de nous-mêmes, alors nous sommes maîtres de nous. Nous ne risquons pas de perdre notre estime de nous-mêmes.

Le test suprême de notre estime de nous-mêmes, c'est quand tout s'effondre, quand ce monde de fous s'écroule et que nous perdons toutes les choses auxquelles nous accordions de la valeur. Si nous persistons à nous aimer et à savoir que nous sommes aimés, c'est que nous possédons l'estime de nous-mêmes.

Pour cultiver l'estime de soi, il faut se traiter de la façon la plus douce, la plus attentive et la plus aimante au moment des souffrances ou des difficultés, tout comme l'on entourerait un ami qui traverse une mauvaise passe.

22

Pourquoi l'estime de soi n'est-elle pas spontanée ?

Elle l'est probablement, mais nos éducateurs (parents, amis, enseignants) s'attachent consciencieusement à nous en dépouiller. En effet, le modèle occidental ne se soucie que de pouvoir, d'ambition et de maîtrise, et nous nous montrons des élèves modèles dans toutes les techniques permettant d'acquérir un moi faible. Nous apprenons à nous soucier de ce que les autres pensent de nous; nous nous fatiguons à complaire aux gens que nous cherchons à influencer. On nous met en tête que nous ne sommes ni aussi importants ni aussi méritants que notre prochain. Et puis, on nous enseigne que, si nous aimons les autres jusqu'à nous sacrifier, nous saurons automatiquement ce dont ils ont besoin : aimer les autres équivaut à subvenir à leurs besoins. Les autres, de leur côté, sont censés faire de même et combler nos besoins avec amour. Bref, on nous a programmés en fonction d'un système qui, tout bonnement, ne marche pas.

De surcroît, on ne nous donne même pas le choix entre le modèle ci-dessus et l'estime de soi. Dès le plus jeune âge, on nous inculque que l'amour de soi est égoïste, qu'il rend narcissique et imbu de soi : un égoïste est infréquentable. La famille, l'Église, l'école : autant d'institutions qui s'appliquent à nous enrégimenter ! Or, toutes les institutions ont besoin de gens qui croient en leur fonctionnement et en suivent les règles. A partir du moment où l'on considère que la nature humaine est mauvaise et qu'il faut la mater pour rendre possible la vie en société, on a peur de laisser l'individu s'aimer lui-même, on refuse de croire que l'homme deviendra bon si on le laisse se développer comme il l'entend. Le modèle occidental nous impose d'acquérir un moi faible; il est particulièrement convaincant car il semble nous procurer un moyen d'avoir barre sur les sentiments et les comportements des autres : il suffit pour cela de prendre soin d'eux et de les aimer plus que soi-même. Malheureusement, c'est complètement faux.

Si nous sommes incapables – ou que nous nous interdisons – de nous aimer nous-mêmes, comment nous croirions-nous capables d'être aimés ? Si notre amour et notre estime sont tout entiers centrés sur les autres, comment pourrions-nous nous sentir sains, complets et aimés au plus profond de nous-mêmes ? Si nous avons une mauvaise image de nous-mêmes, comment pourrions-nous épanouir toutes nos potentialités ? Nul ne peut donner le meilleur de lui-même s'il se sent mal dans sa peau. Enfin, si nous nous conformons au modèle et aimons les autres plus que nous-mêmes, sans recevoir de ces derniers autant que nous leur donnons, comment ne nous sentirions-nous pas trompés et amers ? Les gens qui se sentent lésés et manipulés ne sont pas les plus faciles à aimer, ni pour eux-mêmes ni pour les autres. Quand nous attendons de notre prochain qu'il nous aime et pourvoie à nos besoins, nous plaçons sur ses épaules un fardeau trop lourd pour lui.

Nul ne peut savoir de façon précise ce dont l'autre a besoin, ni à quel moment. Nul ne saura jamais aimer l'autre précisément de la façon dont celui-ci veut être aimé. Nul ne pourra jamais faire pour l'autre ce que chacun peut et doit faire pour lui-même.

23
Estime de soi équivaut-elle à égoïsme ?

Au sens littéral, oui; l'égoïsme consiste à s'occuper de son moi – en latin *ego*.

La définition du Robert est la suivante : « Attachement excessif à soi-même qui fait que l'on recherche exclusivement son plaisir et son intérêt personnels. » Il faut souligner les mots « excessif » et « exclusivement » : nous avons en effet tendance à lire : « Tout attachement à soi-même qui fait que l'on recherche, de quelque façon que ce soit, son plaisir et son intérêt personnels. » Le modèle occidental nous enseigne que l'égoïsme est un vice abominable : nous en sommes venus à identifier l'égoïsme avec l'incapacité de s'intéresser à autre chose qu'à soi. Il ne faut pas le confondre avec l'égocentrisme, qui est « la tendance à tout rapporter à soi, à ne s'intéresser vraiment qu'à soi. »

Au fond, quelle est la différence entre égoïsme et égocentrisme ? L'égoïsme, au sens d'estime de soi, est l'art d'établir des relations avec soi-même : le soi n'est pas le pivot autour duquel tourne le reste du monde. On ne demande à personne de considérer son soi comme le centre de quoi que ce soit; simplement, l'accent est mis sur le fait que chacun doit subvenir à ses propres besoins. Arrêtons de rêver que nous sommes le soleil et que les autres ne font que tourner autour de nous : contentons-nous d'être des étoiles qui brillent en elles-mêmes.

Aucun autre concept ne soulève autant de controverses, aucun n'est aussi difficile à admettre. On nous a inculqué, plus que toute autre notion, que l'égoïsme, c'est mal. Le paradoxe ahurissant, c'est que les gens que nous considérons comme égoïstes – ceux que nous accusons de narcissisme, de préoccupation excessive de leurs propres intérêts – sont aussi les plus anxieux et en fait les plus égocentriques. Ces gens-là n'ont aucune estime d'eux-mêmes, ils sont incapables de subvenir à leurs besoins et de s'aimer eux-mêmes. Ils passent leur temps à essayer d'avoir barre sur les autres et font tout pour être au centre de leur environnement. Ils gaspillent leurs énergies pour des choses superficielles et sont très abattus quand les autres finissent par les abandonner. Ces prétendus égoïstes sont l'incarnation même du moi faible et l'antithèse de l'égoïsme bien compris, c'est-à-dire de l'estime de soi.

Pour s'aimer, il faut se connaître. Pour répondre à ses propres besoins et désirs, il faut commencer par les identifier. C'est impossible si nous ne concentrons pas notre attention sur nous-mêmes. Soyons égoïstes. Prenons soin de notre précieuse personne. Nul ne peut le faire à notre place, surtout pas de la façon dont nous en avons vraiment besoin.

24

L'excès d'estime de soi peut-il conduire à l'égocentrisme ?

Non. L'estime de soi, on n'en a jamais assez. Ce n'est pas un but, ce n'est pas une denrée : c'est un processus. C'est quelque chose que l'on met en pratique chaque jour. L'estime de soi est un sentiment que l'on éprouve vis-à-vis de soi, lié à des comportements envers soi-même. Quand on possède l'estime de soi, on se sent tranquille, aimé, fort et capable.

Dans certaines circonstances, on peut se sentir moins sûr de soi, moins aimé, moins capable : c'est là que l'on devient plus susceptible de réagir avec un moi faible, plus tenté d'exiger des autres qu'ils nous mettent au centre de leur vie pour subvenir à nos besoins. L'égocentrisme fait ses choux gras du manque d'estime de soi. Pour cesser de nourrir de vaines attentes vis-à-vis des autres, le mieux est de combler nous-mêmes ces attentes. Si nous avons besoin d'attention, accordons-nous-en à profusion. Si nous sommes avides de louanges et de compliments, louons-nous, complimentons-nous. Répétons-nous ce que nous avons le plus envie d'entendre. Si nous ne nous croyons pas nous-mêmes, comment croirions-nous les autres quand ils nous disent ce que nous avons envie d'entendre ?

Quand nous nous accordons exactement ce dont nous avons besoin – louanges, cadeaux, marques de tendresse –, quand nous nous sentons en sécurité, épanouis et comblés, alors nous nous tournons vers les autres avec amour. Nous avons davantage d'énergie pour répandre nos bienfaits sur nous-mêmes et sur notre prochain. Nous sommes plus indulgents vis-à-vis de nos propres fautes et de celles des autres. Tout se simplifie, tout marche mieux. Nous gardons notre calme quand les gens ne font pas – ou ne disent pas – ce que nous voulons, car nous nous sentons complets en nous-mêmes.

La meilleure image pour éclairer ce paradoxe, c'est celle des deux bonbonnières. Chacun a en soi deux bonbonnières : l'une pour soi, l'autre pour son prochain. On nous a appris à remplir d'abord la bonbonnière du prochain : nous ne cessons de fabriquer des bonbons pour la remplir. On nous a interdit de rien cuisiner pour notre bonbonnière à nous, on nous a même empêchés d'avoir ne serait-ce que le projet de le faire. On nous a répété que, si nous préparons des gâteries pour les autres, notre bonbonnière se remplira : les autres sont censés nous offrir des bonbons, et tout le monde sera content. En réalité, ce n'est pas comme cela que ça fonctionne; notre bonbonnière est en général vide et, si quelqu'un y met des bonbons, ce ne sont pas ceux dont nous avons envie à ce moment-là. Nous nous sentons amers, furieux ou dépossédés et ce n'est pas étonnant : nous voyons les autres se gorger des friandises que nous leur avons préparées. Paradoxe : remplissons d'abord notre bonbonnière à nous avec nos bonbons préférés et le trop-plein approvisionnera la deuxième bonbonnière. Gardons la nôtre pleine en permanence. Apprenons aux membres de notre famille à remplir chacun sa bonbonnière en premier. Tout le monde y gagnera.

25
Comment acquérir l'estime de soi ?

Pour apprendre quelque chose de nouveau, le plus facile est toujours de trouver un bon professeur. Mais les professeurs d'estime de soi sont rares. On ne peut pas dire – tant s'en faut – que tous les psychologues, tous les prêtres ou tous les assistants sociaux soient capables de nous apprendre à nous aimer. Il faut avoir sous les yeux un modèle à imiter, qui mette en pratique ce qu'il enseigne; il faut quelqu'un qui sache s'aimer lui-même, et sache par-dessus le marché enseigner aux autres ce mode de vie. L'estime de soi, cela s'apprend; très rares sont les gens qui y parviennent naturellement. Rappel : on nous a enseigné à ne pas nous aimer, nous devons à présent réapprendre à nous aimer.

L'estime de soi, cela s'apprend comme n'importe quelle compétence : c'est ainsi qu'il faut voir les choses. Si vous êtes parfaitement résolu et que vous en éprouvez le besoin, vous y arriverez. Il est plus facile d'apprendre un sujet dont on ignore tout : les mauvaises habitudes ne sont pas encore prises. Supposons que vous ayez étudié une langue étrangère pendant plusieurs années avant de vous apercevoir que votre professeur a un accent épouvantable et qu'il vous a enseigné une prononciation incorrecte. Pour vous mettre à parler convenablement, il vous faut revenir en arrière, désapprendre ce que cet ignorant vous a enseigné et remplacer les notions fausses par des notions exactes. Il eût été bien plus facile d'apprendre correctement la première fois. Cependant, il n'est jamais trop tard : c'est beaucoup plus difficile, mais pas impossible pour un élève parfaitement décidé. L'estime de soi consiste à réapprendre la façon dont nous nous voyons, à réapprendre à nous aimer. Certes, il eût été bien plus facile et naturel d'apprendre à nous aimer dès notre plus tendre enfance, quand la conscience est vierge de toute contamination. Hélas, cela n'arrive guère, faute d'enseignants et de modèles pratiquant l'estime de soi. Nous devons donc nous faire à cette idée : nos enseignants ont été des modèles imparfaits, mais ce n'est ni de notre faute ni de la leur (eux-mêmes ont reçu un enseignement erroné au départ). Ne perdons pas notre temps à nous désoler de ne pas avoir appris plus tôt l'estime de soi : consacrons nos énergies à l'acquisition de cette aptitude nouvelle dans l'instant présent.

Commençons par un choix : la décision irrévocable d'apprendre l'estime de soi. Si vous convoitez celle-ci avec suffisamment d'ardeur, vous y parviendrez. Quand les gens n'ont plus rien à perdre, ils sont capables d'apprendre n'importe quoi. Convainquez-vous que vous n'avez plus rien à perdre. Puis trouvez-vous des modèles, des gens qui ont, de toute évidence, l'estime d'eux-mêmes. Ne comptez pas sur eux pour vous avouer qu'ils s'aiment ni qu'ils se trouvent merveilleux. Simplement, ils dégagent une force tranquille et se montrent amicalement encourageants vis-à-vis des autres. Ils sont équilibrés, sûrs d'eux-mêmes; ils reconnaissent facilement leurs erreurs et en rient volontiers. Ils ne se moquent pas des autres, pas plus qu'ils ne les jugent; très tolérants au contraire, ils s'acceptent eux-mêmes – et acceptent le autres – tels qu'ils sont. On se sent bien avec des gens comme ça. Il est fondamental que vous vous mettiez à fréquenter des personnes qui vous acceptent tel que vous êtes dans le présent, et qui vous encouragent à avoir une bonne opinion de vous-même.

Quand vous aurez trouvé vos modèles – psychologues, enseignants, parents ou amis –, observez-les avec attention. Comment se comportent-ils quand on les rejette ? Sont-ils perfectionnistes ? Comment réagissent-ils aux erreurs des autres ? Comment surmontent-ils les injustices dont ils sont victimes ? Demandez-leur. Ecoutez et apprenez à leur exemple. Mais n'exigez pas d'eux qu'ils aient réponse à tout : ne les accablez pas avec vos souffrances, ne leur demandez pas de vous rendre parfait. Les bons modèles sont des enseignants patients et aimants dont l'estime de soi ne dépend pas de vous. Les bons modèles ne sont pas des personnes codépendantes.

En dernier lieu, soyez disposé à faire des exercices d'application. Evidemment, vous commettrez quelques erreurs, vous ne serez pas parfait. L'estime de soi est inscrite au plus profond de la nature humaine, mais elle constitue l'effort de toute une vie. Ce n'est pas une solution miracle. C'est une façon d'être dans le monde qui vous permettra de vous connaître et de bien vous occuper de vous-même.

26

Pourquoi les livres de développement personnel ne m'apportent-ils rien ?

Dans la question précédente, nous avons vu comment acquérir l'estime de soi : la lecture des livres de développement personnel n'a pas été citée au nombre des solutions. Cette omission peut sembler étrange, dans ce livre que l'on peut considérer comme traitant de développement personnel. Il y a trois raisons à cela.

1re raison : la plupart des personnes achètent et lisent ce genre de livres à la recherche d'une recette miracle. Ils espèrent que le livre va leur donner la réponse, et qu'ils assimileront celle-ci au fur et à mesure de leur lecture. Certes, la plupart des livres de développement personnel apportent des réponses sous une forme ou sous une autre mais l'estime de soi est, intrinsèquement, une expérience; cela se vit, cela se pratique : on ne saurait l'apprendre au moyen d'une simple lecture. L'estime de soi ne s'acquiert pas de façon passive, mais de façon active et concrète. Seule la pratique permet de l'intérioriser. Nul ne peut vous en faire cadeau sur un plateau d'argent, et nul ne peut l'acquérir en apprenant – par exemple par la lecture – comment un tiers l'a acquise. Cela ne veut pas dire que les livres de développement personnel sont sans valeur; je pense qu'ils ont leur utilité, sans quoi je n'aurais pas écri celui-ci : mais leur seule utilité consiste dans le fait qu'il proposent des outils. Leur simple lecture ne suffit pas. Il peut être intéressant de découvrir dans un livre que l'on n'est pas seul, que d'autres personnes se sont trouvées dans la même situation, qu'elles ont appris à changer et que le changement est possible : c'est un encouragement qui favorisera la persévérance. Mais le livre en soi est incapable d'effectuer le changement : la plupart des lecteurs dépensent leur argent et dévorent un tas d'ouvrages dans l'espoir que, arrivés au point final, ils se retrouveront changés comme par enchantement. Le livre indique la façon dont le lecteur peut s'y prendre pour changer, façon qui s'est révélée efficace chez d'autres personnes; mais le livre ne peut pas changer le lecteur. Personne ne peut le faire, pas même les modèles que l'on se choisit. C'est une tâche personnelle dont chacun a l'apanage.

2e raison : la plupart des livres de développement personnel n'atteignent pas leur but car ils mettent la charrue avant les bœufs; ils prennent le changement comme postulat. Le livre parle de la façon de se changer, de voir les choses différemment et – en principe – mieux que par le passé, de remettre en ordre ce qui ne va pas. C'est le même concept qui conduit à faire une psychothérapie. Ce qui manque, c'est la notion d'acceptation. Paradoxe : pour changer, il faut commencer par s'accepter tel que l'on est. Or, il est particulièrement difficile de s'accepter tant que l'on est obnubilé par la nécessité de changer. Il est bien plus facile de dire : « Je m'aimerai...
– quand j'aurai perdu dix kilos;
– quand j'aurai obtenu cette promotion;
– quand un tel (ou une telle) sera amoureux(se) de moi;
– quand j'aurai ce qu'il me faut;
– quand j'aurai changé. »

Le fait de se concentrer aveuglément sur le changement équivaut à se cogner la tête contre le mur pour passer dans la pièce voisine. En s'acceptant soi-même, on prend un pas de recul par rapport à ce mur, on observe la situation sans préjugé et l'on finit par apercevoir la porte. L'acceptation, c'est la porte dans le mur; c'est elle qui rend le changement possible. L'acceptation, c'est la condition sine qua non du changement. Or l'essentiel des livres de développement personnel, c'est en général ce message erroné : avant de commencer, il faut changer pour parvenir à s'accepter.

Voilà qui nous amène à la *3e raison :* un livre ne saurait à lui seul fournir un environnement encourageant et compréhensif. Nos modèles, qui nous acceptent tels que nous sommes dans le présent, peuvent nous aider à nous accepter nous même; ils peuvent nous procurer ce regard extérieur qui nous aidera à nous voir sous un jour nouveau et à trouver la porte du changement. Nous l'avons dit plus haut : nul ne peut faire le travail de fond à votre place, et l'apprentissage de l'estime de soi peut être douloureux. Vos modèles pourront vous aider à vous accepter vous-même et vous fourniront éventuellement un environnement amical qui facilitera votre changement. Les livres de développement personnel, y compris celui que vous êtes en train de lire, peuvent jouer un rôle complémentaire dans votre apprentissage. Au mieux, ils peuvent constituer un outil – parmi d'autres – mais ne sauraient être l'outil unique qui vous octroierait l'estime de vous-même.

27

L'estime de moi me rendra-t-elle heureux ?

Pas nécessairement. L'estime de soi n'est pas une garantie de bonheur; l'estime de soi équivaut à une plus grande conscience de soi, elle apporte un respect profond et durable envers soi et, en fin de compte, un grand amour pour soi. Elle n'aide à maîtriser que nos actes et la façon dont nous nous percevons. L'estime de soi ne rend pas capable de maîtriser ses sentiments. Le bonheur est un sentiment, il échappe donc à notre maîtrise. Cependant, le fait de s'aimer soi-même induit fréquemment un sentiment de bonheur et de profonde satisfaction intérieure. Souvent, mais pas toujours.

De même qu'il est impossible de maîtriser ses propres sentiments, il n'est pas à notre portée de maîtriser ceux d'autrui. N'ayant pas la maîtrise du comportement d'autrui, nous ne maîtrisons pas notre environnement. Etant donné que notre bonheur dépend en grande partie des autres et de notre environnement, nous n'en avons généralement pas la maîtrise.

Il est important de réaliser que le choix de s'aimer soi-même ne change pas le monde : il ne change que notre monde. Les facteurs extérieurs restent les mêmes mais la façon dont nous les percevons change quand nous acquérons l'estime de nous-mêmes. Nous perdons l'habitude d'appliquer notre énergie à modifier des personnes ou des choses qui nous échappent. Le monde ne devient pas plus juste, des malheurs continuent à nous frapper, nous-mêmes et ceux que nous aimons. L'estime de soi n'empêche pas de ressentir les souffrances de la vie, elle aide à les surmonter. Elle n'élimine pas la tristesse, la colère, voire la peur mais elle donne la force de se faire confiance; on sait qu'en toutes circonstances, on exprime au mieux ses talents. S'aimer soi-même signifie que, quoi qu'il arrive, on sait être présent à soi-même comme il convient. Et cette certitude peut rendre heureux.

Souvenez-vous : l'objectif de l'estime de soi n'est pas le bonheur mais la paix intérieure, l'équilibre et le sentiment de plénitude. La vie comporte des souffrances; il n'est donc pas réaliste d'espérer vivre et, en même temps, de s'attendre à être heureux en permanence.

28

L'estime de moi me rendra-t-elle parfait ?

Non, je ne serai jamais parfait : un homme parfait, cela n'existe pas. Le concept de perfection n'est qu'une illusion dangereuse et destructrice. Développer l'estime de soi signifie devenir conscient de ses imperfections, et les accepter. Mettez-vous en paix avec vous-même, faites de votre mieux en toutes circonstances mais ne vous assignez jamais la perfection comme but.

Dès que vous commencez à vous aimer vous-même, vous devenez plus indulgent vis-à-vis de vous-même. Vous apprenez à vous traiter avec mansuétude même quand vous commettez des erreurs. Et vous vous attendez à en commettre car c'est le propre de l'homme. Le fait de commettre des erreurs ne vous empêchera pas de vous traiter avec amour. Vous perdrez l'habitude de vous accabler de reproches, vous apprendrez à vous pardonner et à essayer une solution différente la fois suivante. Vous apprendrez à tirer enseignement de vos erreurs : elles peuvent vous apprendre beaucoup. Si vous étiez parfait, vous n'auriez plus besoin d'apprendre quoi que ce soit : quel serait alors l'intérêt de votre vie ? L'estime de vous-même vous apprendra à rire gentiment de vos erreurs. Elle vous enseignera à assumer pleinement vos actes et vos choix, qu'ils aient des conséquences positives ou négatives. La plupart d'entre nous ont des raisons pour agir comme ils le font; l'estime de vous-même vous permettra d'admettre que ces raisons sont parfois mauvaises.

Une fois que vous aurez appris l'estime de vous-même, vous serez profondément touché par les souffrances que vos erreurs provoquent en vous-même et chez les autres. Il est impossible de vivre sans causer de souffrance à quiconque; a fortiori, il est impossible de mourir sans causer de souffrances. Le modèle ontologique reconnaît que la souffrance est présente dans toute vie, elle en fait partie. L'estime de soi permet d'arrêter cette recherche névrotique de bouc émissaire; elle vous permet de ne plus viser la perfection, d'accepter votre nature imparfaite et les erreurs que celle-ci entraîne. Vous pourrez enfin vous fixer des buts réalistes.

Car au fond, qui a vraiment le désir d'être parfait? Réfléchissez aux conséquences que cela aurait. Quel genre de rapports pourriez-vous avoir avec les autres? Comment pourriez-vous les comprendre et, a contrario, qui vous comprendrait? Que sauriez-vous du partage et de la sympathie? Comment pourriez-vous vous interdire de juger? Quelle solitude, quelle perte de contact avec la réalité ! Même si vous aviez la capacité de devenir parfait, êtes-vous sûr que vous décideriez de le faire?

29
Quand aurai-je suffisamment l'estime de moi-même ?

Jamais. L'estime de soi n'est ni une denrée ni un but, c'est un processus. Jamais vous ne pourrez vous dire : « Voilà : j'y suis arrivé ! Je puis à présent cesser d'apprendre et de travailler sur moi-même. » De telles idées découlent de notre modèle occidental, orienté tout entier vers le résultat; elles ne rendent pas compte de la réalité de l'existence. A aucun moment de notre vie, il ne nous est possible d'arrêter le temps pour tout figer. Rappelez-vous le rôle du héros : il sait qu'il ne peut changer le monde mais cela ne l'empêche pas de faire de son mieux. La vie est un défi : apprendre à s'aimer soi-même est une façon de le relever.

C'est quand le monde autour de vous s'écroulera, que les personnes qui vous aiment vous quitteront, que votre illusion de sécurité s'effacera, que vous aurez la certitude d'avoir conquis l'estime de vous-même. Vous vous sentirez triste, furieux, désorienté et effrayé, mais vous persisterez à vous aimer et à vous traiter de façon aimante. Mieux, c'est à ce moment-là qu'il faudra vous aimer vous-même davantage.

Vous ne pouvez pas stocker votre estime de vous-même, ni puiser dans votre réserve au fur et à mesure de vos besoins. La pratique de l'estime de soi peut se comparer à l'exercice physique. Si vous faites du sport chaque jour de l'année puis arrêtez pendant un mois, il vous faudra reprendre à zéro ou presque. Votre corps ne garde pas indéfiniment le bénéfice de l'acquis, il ne reste pas en bonne condition si vous cessez de vous en servir. Pratiquer l'estime de soi signifie la pratiquer en permanence. Il est impossible de cesser l'entraînement et de garder la même condition mentale. Vous ne pouvez pas apprendre à vous aimer vous-même, puis cesser tout en continuant à espérer que vous vous sentirez aimé au moment où vous en aurez besoin. Cependant, l'entraînement rend les choses de plus en plus faciles. Au bout d'un moment, cela devient une habitude, une seconde nature : vous vous traitez avec une bienveillance de plus en plus spontanée, vous vous demandez ce dont vous avez besoin et vous vous l'accordez de façon libérale. Tout comme l'exercice physique, c'est le premier pas qui coûte le plus car on n'a pas l'habitude. Si vous vous entraînez à l'estime de vous-même quotidiennement, il deviendra bientôt impensable pour vous de redevenir comme vous étiez avant. Quand on a fait l'expérience de ce sentiment de véritable amour de soi, on désire ne plus le perdre. On n'en a jamais assez, et on ne le perçoit plus sous l'angle de la quantité.

30
Quels sont les indices de l'équilibre ?

D'une façon ou d'une autre, nous sommes tous plus ou moins équilibrés. La seule chose dont il faut s'inquiéter, c'est de savoir pourquoi nous ne choisissons pas de nous aimer nous-mêmes ici et maintenant, tels que nous sommes. Dès que nous décidons de nous former à l'estime de nous-mêmes, nous nous plaçons sur le terrain de l'être et non pas de l'action. Souvenez-vous : dans le modèle ontologique, on ne juge pas, on ne compare pas; on est ce que l'on est, dans l'instant présent. Si vous désirez vous sentir mieux vis-à-vis de vous-même, commencez par vous traiter avec amour. Posez-vous en permanence la question : « Comment est-ce que je me sens maintenant ? » Quelle que soit la réponse, agissez vis-à-vis de vous-même avec compassion. Si vous avez le sentiment que vous vous haïssez, souvenez-vous que c'est un choix.

Il est fondamental de distinguer la personne de ses actions. Il est bien plus facile et moins douloureux de haïr son comportement plutôt que de se haïr soi-même. Si vous haïssez votre comportement, essayez de le modifier la prochaine fois. Faites amende honorable et pardonnez-vous. Décrispez-vous. Avec le temps, vous vous apercevrez qu'il vous est de plus en plus facile d'adopter des comportements positifs, vivifiants et créateurs d'énergie, et de plus en plus difficile de commettre des actes qui vous mettent mal à l'aise. Vous aurez de plus en plus envie d'agir d'une façon qui vous comble. Cela deviendra pour vous une seconde nature : vous choisirez des comportements qui vous plaisent et renforcent la perception positive que vous avez de vous-même. Vous vous conforterez dans la maîtrise de vous-même, vous serez de plus en plus fier de vous, vous vous sentirez plus équilibré. Tout ce processus deviendra un « cercle vertueux ». Exercez-vous à vous aimer vous-même, entraînez-vous à vous traiter de façon aimante et vous constaterez qu'il vous sera de plus en plus facile de vous aimer vous-même, naturellement.

31

Comment m'accepter tel que je suis ?

Cette question est peut-être la plus importante de tout le livre. En voici la réponse : il faut apprendre à accepter la réalité de notre être, sans nécessairement approuver ni aimer tous nos sentiments, pas plus que tous les composants de ce que nous acceptons. Cela signifie que nous pouvons approuver ou assumer la totalité – le tout – de notre être, sans donner accord ni approbation à chacune de nos caractéristiques. Cela est en contradiction directe avec notre éducation, laquelle voudrait que nous fussions parfaits avant que de pouvoir nous accepter et nous approuver. En fait, nous pouvons bel et bien nous accepter en bloc, dans notre réalité, tels que nous sommes ici et maintenant, sans pour autant approuver chacune de nos parties, chacun de nos rôles, chacun de nos actes. Accepter n'équivaut pas à comprendre. La plupart d'entre nous ne comprendront jamais toutes les complexités de la vie : guerres, famines, souffrance, mort; de même, nous ne comprendrons jamais toutes les raisons pour lesquelles nous sommes nous-mêmes si complexes. Acceptation n'équivaut pas non plus à changement. Le fait d'accepter la vie ne la change pas; le fait de nous accepter nous-mêmes ne nous change pas davantage.

Qu'est-ce alors que l'acceptation ? Cela veut dire prendre, recevoir de bon cœur, admettre en profondeur. Il peut être difficile de s'approuver soi-même alors que l'on aimerait tant être différent; mais, pour développer l'estime de soi, il est vital de partir de la réalité et de s'accepter soi-même en totalité. S'accepter, cela signifie se voir tel que l'on est dans l'instant présent et s'autoriser à être. Comme le dit Popeye dans sa grande sagesse : « Je suis ce que je suis et rien de plus. » Et cela suffit amplement pour l'instant.

S'accepter signifie se regarder et se voir, intérieurement et extérieurement, sans se juger. Cela équivaut à méditer sur soi, à s'observer de façon objective. Suspendez tout jugement et regardez ce que vous voyez; examinez attentivement ce que vous êtes en réalité. Cette introspection n'est pas facile mais elle est nécessaire. Une façon de s'y prendre consiste à se mettre nu devant un grand miroir pour se regarder. Ne détournez pas le regard quand vous observez un détail qui vous déplaît. Continuez à regarder jusqu'à avoir un regard neutre : vous avez à présent un regard objectif. Continuez à vous inspecter jusqu'à voir au-delà de votre peau, de votre graisse, de la surface de votre corps. Continuez à vous observer jusqu'à ce que vous dépassiez les apparences superficielles. N'ayez pas peur. Vous êtes en train de contempler ce que vous êtes en réalité. Et quand vous avez tout vu, acceptez. Voilà ce que vous êtes, en vérité. Vous observez de belles choses, intérieures et extérieures, que vous souhaitez conserver, et d'autres moins belles dont vous aimeriez vous débarrasser. Vous voyez un être humain. N'agissez pas, ne réagissez pas; contentez-vous d'observer. Quand vous en avez fini, assurez-vous que ce que vous venez de voir est bien : ni bon ni mauvais, ni faux ni juste, simplement bien. C'est ça, l'acceptation.

Une autre façon d'apprendre à s'accepter, c'est de prendre une feuille de papier et de tracer au milieu une ligne verticale. Intitulez la colonne de gauche « ce que j'aime en moi »; intitulez l'autre « ce que je n'aime pas en moi ». Puis remplissez les deux colonnes. Prenez votre temps, ajoutez des lignes au fur et à mesure qu'elles vous viennent à l'esprit. De nouveau, n'ayez pas peur. La plupart des gens remplissent plus facilement la colonne négative que la colonne positive. La faute en incombe à leur éducation. Persévérez jusqu'à obtenir de vous-même une image nuancée. Si vous éprouvez le besoin de vous faire aider, demandez à vos parents et amis, et tout particulièrement aux modèles que vous vous êtes choisis. Puis pensez à une pièce de monnaie : elle a un côté pile et un côté face. Aucun des deux côtés n'est meilleur que l'autre. Faites le parallèle avec les deux colonnes de votre liste : pour avoir un côté, il faut aussi avoir l'autre. Essayez d'établir le lien entre les deux colonnes. Par exemple, vous aimez peut-être en vous votre côté organisé; mais vous n'aimez pas la façon maniaque dont vous abordez certaines choses; tâchez de faire le lien entre les deux : il est impossible d'être parfaitement organisé sans se montrer parfois un peu maniaque. Autre exemple : si vous êtes fier de votre patience mais que vous avez honte de votre côté lent et pédant, tâchez de nouveau de faire le lien entre ces deux aspects de votre personnalité. Ou encore, supposons que vous êtes fier de votre générosité, tant matérielle qu'affective; mais vous déplorez que certains profitent parfois de vous. Arrivez-vous à percevoir la relation entre les deux ? Cette même caractéristique a un côté lumineux et un côté obscur, un côté que nous aimons et montrons aux autres et un côté que nous regrettons et essayons de cacher.

Pratiquement tous nos « mauvais » côtés ont pour pendant un « bon » côté. Si vous ne parvenez pas à trouver le pendant positif d'un côté négatif, faites-vous aider.

Rappelez-vous que vous ne pouvez pas être parfait, n'oubliez pas non plus de suspendre tout jugement de valeur. Comme il vous est impossible d'être parfait, il vous est de même impossible d'être parfaitement mauvais. Chacun de vos côtés que vous n'aimez pas a pour contrepartie un côté que vous aimez. Cessez de ne considérer que les points négatifs, acceptez les positifs. Tâchez de trouver un équilibre entre les deux.

L'acceptation est le début de tout : c'est la clef du changement. Il n'est pas nécessaire de changer pour s'accepter. Vos modèles voient vos côtés positifs; en voyant vos bons côtés, ils vous aideront à les voir vous-même. N'ayez pas peur : il y a du bon en vous.

32

Comment m'assumer si je ne suis pas en accord avec moi-même ?

S'accepter est un processus à la fois mental et comportemental. Comme nous l'avons précisé dans la question précédente, certaines techniques peuvent vous aider à enclencher ce processus. Les premiers pas en direction de l'acceptation de soi sont les suivants :

1. Cessez de fuir la réalité. Cessez de penser que vous êtes incapable de vous accepter. C'est parfaitement possible et vous y parviendrez si vous le décidez vraiment.

2. Suspendez tout jugement. Il ne faut pas voir le monde de façon manichéenne. Apprenez à nuancer; tout n'est pas nécessairement bon ou mauvais, juste ou faux, positif ou négatif.

3. Reconnaissez l'existence de vos défenses. Ce sont elles qui vous empêchent de bouger. Elles ont eu leur utilité dans le passé mais désormais, maintenant que vous êtes adulte, elles vous entravent.

4. Détruisez vos illusions. La réalité n'est pas une apparence. La réalité existe, vous-même existez bel et bien. Tous les gens qui vous entourent sont conscients de ce qui constitue votre réalité. C'est maintenant à votre tour d'en prendre conscience.

5. Faites appel à des séances d'observation consciente et réfléchie. Observez-vous comme les autres vous observent. Aux yeux des autres, vous êtes ce que vous faites, et non pas ce que vous souhaiteriez faire. Votre comportement est fondamental, et vous pouvez le maîtriser. Vos sentiments, vos rêves, vos espoirs et vos désirs ne constituent pas la réalité de votre personne; ils forment seulement une partie de ce que vous êtes.

Il y a des tas de choses que nous acceptons sans les comprendre ni y adhérer. La mort, la guerre, la famine, l'injustice de la vie, etc. sont des réalités auxquelles nous sommes confrontés tous les jours. Nous acceptons ces réalités même si nous ne les aimons pas ou que, évidemment, nous ne les comprenons pas. Nous faisons partie d'un tout qui nous dépasse, et notre existence même est la preuve que nous vivons quelque chose de relativement insaisissable. Peut-être n'aimez-vous pas votre vie, peut-être ne vous aimez-vous pas tout court; peut-être souhaiteriez-vous être quelqu'un d'autre, ou être ailleurs. Ces sentiments ne changent rien à la réalité de votre situation; en revanche, vos actes peuvent vous changer. L'acceptation de soi est un comportement : vous pouvez la choisir.

L'acceptation n'équivaut pas à la démission ou au renoncement. Il est moins difficile et moins fatigant de s'accepter que de se renier : à long terme, c'est beaucoup plus facile; vous vous apercevrez que l'acceptation libère en vous les énergies dont vous avez besoin pour cultiver l'estime de vous-même et faire de votre mieux en toute circonstance. Ce n'est difficile et bizarre qu'au début.

Souvenez-vous : il vous faut réapprendre. Cela prend du temps : au début, cela vous paraîtra déplacé. Continuez. Persévérez. L'acceptation, ça marche avec le temps. Une fois l'acceptation acquise, tout devient facile. En effet, si vous ne parvenez pas à vous accepter vous-même, vous ne parviendrez jamais à vous connaître. Si vous ne vous connaissez pas, vous ne parviendrez jamais à croire avec confiance que vous vous aimez. Ni que vous êtes foncièrement « aimable ». Acceptez le fait que vous êtes « aimable ». Votre nature est bonne, elle mérite d'être aimée. Croyez-y profondément et vous obtiendrez de vous-même estime et amour.

33

S'aimer soi-même : par où commencer ?

On tombe amoureux de soi un peu de la même façon que l'on tombe amoureux d'une tierce personne. D'abord, on commence par se remarquer; puis on prête attention aux petites choses que l'on fait : ce que l'on dit, la façon dont on le dit, la façon dont on est dans son corps, dont on rit, les choses que l'on aime et que l'on n'aime pas, etc. On s'accepte soi-même de la même façon que l'on accepte quelqu'un qui nous intéresse. On se pardonne ses erreurs, on se complimente pour ses succès, on est gentil pour soi, on se montre indulgent quand on se prend les pieds dans le tapis. On prend en compte ses réussites, on s'en accorde le mérite. On se décerne des compliments et l'on se chuchote à l'oreille des gentillesses que l'on dirait à la personne dont on est amoureux. On se consacre le temps dont on a besoin, on se console quand on souffre. On se sourit dans le miroir et on se dit chaque jour : « Je t'aime. » Cela risque de sembler un peu bizarre au début : que cela ne vous empêche pas de le faire ! Vous vous souvenez de la première fois où vous avez dit à une personne que vous l'aimiez ? Vous n'en meniez pas large : vous aviez peur de vous faire rejeter, ou d'avoir à trop vous engager. C'est bien ce qui se passe en général la première fois que l'on se regarde dans le miroir pour se dire : « Je t'aime. » Essayez, et acceptez ce qui se passe alors. Comme dans une relation amoureuse, cela prend quelque temps avant d'y croire vraiment. Si vous persistez à le dire et le redire un nombre suffisant de fois, vous finirez par vous en convaincre.

Mais les mots que l'on dit, à soi-même comme à un tiers, ne suffisent pas. Il faut aussi adopter un comportement amoureux, et s'y tenir. Une personne ne croira jamais que vous l'aimez si vous vous contentez de le lui dire tout en persistant à l'ignorer, à l'injurier ou à la maltraiter; tout au moins, aucune personne de bon sens ne croira qu'on l'aime dans ces conditions; de même, vous ne vous convaincrez jamais que vous vous aimez vous-même tant que votre comportement ne se calquera pas sur vos paroles. Il est important de se dire « Je t'aime » car on a besoin d'entendre ces mots-là; mais il est également important de se comporter avec amour vis-à-vis de soi-même dans la plupart des circonstances (la plupart et non pas toutes car nous ne sommes pas parfaits, et nous l'oublions parfois). A propos, il faut distinguer « Je t'aime bien » et « Je t'aime » tout court. Si vous avez jamais connu l'expérience d'un amour non partagé, vous comprendrez cette nuance : elle est de taille. L'estime de soi équivaut à s'aimer soi-même, quitte à ne pas toujours bien aimer l'ensemble de ses comportements.

Quand on dit aux gens de se regarder dans le miroir et de se dire « Je t'aime » puis de se comporter avec amour vis-à-vis d'eux-mêmes, la plupart se sentent complètement déprimés car ils ne se sentent ni aimés ni aimants. Si c'est effectivement ce qui vous arrive, sachez que c'est normal. Ne renoncez pas. La sensation d'amour est une conséquence du comportement d'amour. Un beau jour, vous vous regarderez dans le miroir et vous vous sentirez aimé. Souvenez-vous qu'aimer est un verbe actif, il décrit une action. S'aimer soi-même est quelque chose que l'on fait et, quand on le fait à suffisance, on en ressent la conséquence. Nous sommes maîtres de nos comportements, pas de nos sentiments.

Il vous est loisible de prendre soin de vous-même tout comme vous pouvez prendre soin d'un tiers. D'abord, demandez-vous ce que vous voulez; si vous ne le savez pas, demandez-vous ce dont vous avez besoin. Si la réponse est réaliste et envisageable, accordez-vous-la; dans le cas contraire, trouvez un ersatz réaliste et envisageable et accordez-vous-le. Donnez-vous toujours quelque chose. Rappelez-vous votre enfance : quand vous aviez envie de quelque chose d'inaccessible, comme vous aviez vite fait de vous contenter d'un succédané ! Mais si vous n'aviez rien du tout en échange, comme vous vous sentiez trompé et mal-aimé ! Soyez généreux, donnez-vous généreusement à vous-même. Conduisez-vous comme si vous vous aimiez ; et l'amour ne tardera pas à venir.

34
Qu'y a-t-il de mal à se bercer d'illusions ?

Comme je l'ai dit plus haut, il est nécessaire de faire table rase de nos illusions pour apprendre l'acceptation. Pourquoi ? Les illusions, les espoirs romantiques, les mythes et les vœux pieux aident puissamment à se cantonner dans une vie pratiquement végétative. On fait souvent appel à eux pour empêcher la réalité de la vie de faire mal. Ils sont fréquemment invoqués pour ne pas vivre l'instant présent. Sous des dehors inoffensifs, ils sont très efficaces pour passer à côté de sa vie et de ses sentiments, agréables ou douloureux. On est souvent tenté de faire appel à eux à titre de tampon et de bouclier pour esquiver l'instant présent. Ils peuvent effectivement nous empêcher de souffrir à court terme, mais c'est bien cher payé : ils nous anesthésient, nous plongent dans une sorte de stupeur qui nous tient à l'écart de la vie. Quand nous entretenons des illusions pour nous protéger de la souffrance, nous utilisons celles-ci comme des drogues, nous cessons momentanément d'être éveillés, alertes, responsables et conscients de nous-mêmes dans l'instant présent. Bref, nous perdons la maîtrise de nous-mêmes.

Par définition, les illusions sont des fantasmes; elles ne rendent pas compte de la réalité de notre existence; elles consistent souvent en objectifs inaccessibles; elles nous font perdre un temps précieux et nous empêchent de prendre la vie à bras-le-corps; si nous passons notre temps à rêvasser à ce que nous voudrions avoir, il nous reste moins de temps pour profiter de ce que nous avons. Notre modèle occidental ne nous enseigne pas à goûter l'instant présent; il nous apprend au contraire à concentrer notre attention sur l'endroit dont nous venons (le passé) et celui où nous nous rendons (l'avenir); dans l'instant présent, il n'y a pas de place pour les illusions.

De même que nous devons nous accepter nous-mêmes pour nous connaître, nous devons aussi nous explorer. Et cette introspection doit être réelle : la partie non explorée de notre vie ne fait pas partie de notre vie mais du rêve. Pour continuer à apprendre de la vie et de nous-mêmes, il faut que nous soyons disposés à explorer. L'illusion, c'est facile; les vaines espérances, c'est meurtrier. Ni les unes ni les autres ne nous aident à vivre l'instant présent, et toutes tendent à provoquer des difficultés quand nous sommes contraints d'affronter directement la réalité de notre existence. Si nous entretenons l'illusion que tout ira mieux quand l'événement X se produira, nous ne sommes guère motivés pour nous retrousser les manches et transformer nos vies. Nous préférons attendre de façon passive que X arrive, ou bien concentrer toutes nos énergies pour contraindre X à arriver; quand enfin X se produit, il y a toutes les chances pour que nous ne soyons pas plus avancés. Il y a même de fortes probabilités pour que nous soyons dans une situation pire encore, frustrés et déprimés. Les illusions tendent à produire des comportements passifs, ou bien le besoin peu réaliste de maîtriser des facteurs complètement hors de notre portée. Elles constituent des façons de nous défaire de nos responsabilités et donc d'esquiver le réel. A cause d'elles, nous gâchons nos instants présents en nous projetant dans le futur, dans le royaume chimérique des « Et si... ? » Les vaines attentes ressemblent beaucoup aux illusions, elles indiquent que nous vivons dans l'avenir. Les vaines attentes consistent à imaginer quelque chose, bon ou mauvais, qui ne dépend pas de nous. Le temps que nous perdons à rêvasser est perdu à jamais. La seule chose que nous puissions faire pour notre avenir, c'est de le vivre quand il deviendra présent. Nous pouvons faire beaucoup dans le présent, mais à condition de ne pas rêver ni attendre l'avenir.

Les illusions peuvent être drôles si nous ne les prenons pas au sérieux. Rêver, espérer et tirer des plans sur la comète sont des activités constructives si elles sont fondées sur la réalité du moment. Les visions de l'avenir peuvent se révéler productives à condition d'être réalistes et accessibles. Si vous savez que vous allez déménager dans telle ville dans six mois, vous pouvez rêver de ce que sera votre nouvelle vie, et bâtir des projets pour votre déménagement : c'est normal, c'est fondé sur une réalité. Le danger commence quand l'illusion transcende la réalité et que l'on commence à rêver que tout va changer du fait – du seul fait – que l'on va déménager. Là, on commence à bâtir de vaines attentes qui ne peuvent conduire qu'à l'échec. Rappel : où que vous déménagiez, vous emporterez votre personnalité avec vous; et vos problèmes non résolus aussi. Si vous faites appel à vos illusions, à vos vaines attentes, à vos rêves et à vos vœux pieux pour échapper à vous-même et à votre vie, vous ne tarderez pas à vous apercevoir que c'est peine perdue. Nul ne peut échapper à soi-même; il est beaucoup plus simple de s'occuper de soi ici et maintenant, et de renoncer à ses illusions. La réalité suffit largement; la vie vaut la peine d'être vécue, et la vie, c'est l'instant présent. Vos rêves d'avenir et vos efforts pour les concrétiser n'amélioreront votre présent qu'à une condition, nécessaire et suffisante : il ne faut pas que votre estime de vous-même repose sur vos succès futurs.

Parfois, le présent est si douloureux qu'il ne reste qu'un espoir : que l'avenir soit moins pénible. Le fait de savoir que la souffrance passera n'est pas une illusion. Reconnaître le fait que des changements vont se produire et que ces changements aboutiront à une situation meilleure, cela s'appelle l'espérance. Prendre des mesures pour remédier à un présent douloureux, c'est le contraire de nier l'existence du problème. Au lieu d'avoir recours à des illusions pour nier la souffrance, il faut au contraire :

– reconnaître que la souffrance existe;
– reconnaître que l'on souffre soi-même;
– se souvenir du fait que la souffrance diminuera avec le temps;
– admettre que l'on sortira grandi d'une expérience douloureuse.

La souffrance fait partie de la vie. Une vie bien vécue comporte une part d'exploration. Illusions, rêves, vaines attentes et vœux pieux bloquent le processus exploratoire : c'est pour cela qu'ils sont dangereux.

35

Pourquoi ne puis-je garder mes défenses ?

Nous avons tous des défenses psychologiques. Elles servent à nous protéger de ce que nous ne pouvons pas assumer. De même que le corps perd conscience lorsqu'il souffre d'un traumatisme (afin de se protéger d'une souffrance excessive), de même nous élevons des défenses pour nous protéger des souffrances morales accablantes. La comparaison va plus loin : la perte de conscience ne protège le corps que momentanément; au-delà d'un certain délai, le coma devient dangereux, voire mortel; de même, l'abus de défenses devient tôt ou tard affectivement létal. Le recours aux défenses crée à la longue une dépendance qui, comme toutes les drogues, nous empêche de rester en contact avec la réalité.

Que sont les défenses ? Les plus courantes sont la négation du réel, la répression des sentiments, le rejet de responsabilité sur des facteurs extérieurs, la justification abusive et l'intellectualisation. Elles nous permettent d'expliquer des comportements que nous refusons de remettre en cause. Elles nous aident à sauver la face, vis-à-vis de nous-mêmes comme vis-à-vis des autres, quand nous sommes incapables de voir ou d'accepter les choses telles qu'elles sont. Elles tendent à masquer la vie et à nous fournir des excuses pour nous montrer désagréables dans nos pensées, nos sentiments ou nos comportements. Nous faisons appel à nos défenses quand nous refusons de remédier à nos imperfections ou à celles des gens que nous aimons. Elles nous servent à nier que la vie est pénible, que la mort existe, que nous possédons tous un mauvais côté qui nous déplaît. Nous avons recours à nos défenses quand nous sommes acculés à reconnaître que nous ne sommes pas parfaits, que la vie est injuste, que nous nous sentons faibles et sans ressource. Plus nous faisons appel à elles et plus nous avons besoin d'elles. Les défenses sont une drogue : elles ne tardent pas à prendre le contrôle de notre personnalité et nous nous apercevons bientôt que nous ne pouvons plus nous passer d'elles. Elles deviennent une habitude inconsciente.

Quel est l'antidote contre les défenses ? Comment cesser de les utiliser, alors que nous ne sommes pas toujours conscients de nous en servir ? D'abord, prenons nos responsabilités : acceptons le fait que nous sommes humains et que nous ne saurions être parfaits; il nous arrive de commettre des erreurs, nous avons de mauvais côtés, des ombres qui nous hantent. Nous faisons parfois des choses mal, des choses bêtes et des choses qui font mal. Nous en sommes tous là. Une des grandes ironies de la vie, c'est que les gens qui nous connaissent le mieux sont conscients de nos limites et percent à jour nos défenses. Une autre ironie, c'est que, une fois que nous reconnaissons l'existence secrète de notre mauvais côté, celui-ci perd la plus grande partie de son empire sur nous. Se prendre en charge, c'est une façon de reconnaître qu'il nous arrive de commettre des fautes.

Comme nos défenses fonctionnent pour nous éviter les souffrances de la réalité, la deuxième façon de se passer d'elles consiste à accepter la souffrance. Il est inutile de nier, de réprimer ou de justifier abusivement quelque chose que l'on admet et que l'on accepte. L'acceptation fournit la force nécessaire pour surmonter la souffrance. Il faut beaucoup moins d'énergie pour reconnaître que l'on souffre et pour affronter la souffrance que pour nier celle-ci ou intellectualiser ce que nous ressentons. Ce n'est pas de la faiblesse que de ressentir la souffrance : c'est humain.

Une fois que vous vous assumez et reconnaissez que vous ressentez de la douleur, vous vous libérez des exigences imposées par vos défenses. Les mécanismes de défense ne fonctionnent bien que dans la mesure où nous n'en sommes pas pleinement conscients. Pour qui s'assume et assume ses comportements, point n'est besoin de défenses. En reconnaissant ses faiblesses et en acceptant le caractère faillible de la nature humaine, on se donne la possibilité de renoncer à ses défenses. On cesse d'en avoir besoin pour se protéger. On devient assez fort pour assumer sa souffrance. Devenir conscient de ce que l'on fait et de la façon dont on édifie des défenses, cela fait partie de l'estime de soi. Et l'estime de soi, c'est se défaire de tout ce qui entrave notre connaissance de nous-mêmes, par exemple nos défenses.

36

Comment puis-je apprendre à me détacher ?

Les questions précédentes ont souligné l'importance du détachement; détachement de l'insécurité, du remords, de l'angoisse, de la perfection, de la justice, des illusions, des défenses... Cela en fait, des choses à abandonner; si nous parvenons à nous débarrasser de tout cela, que nous reste-t-il ?

Il est important d'observer que tous les éléments de cette liste sont relatifs au moi faible, c'est-à-dire aux sentiments de valorisation que nous attendons de facteurs externes.Ils nous servent à nous protéger de nous-mêmes, ils nous fournissent des prétextes pour excuser nos comportements trop humains ou rejeter la responsabilité de nos erreurs. Ils nous aident à nous justifier, ils nous empêchent de nous assumer et de nous changer.

Quand nous nous détachons du besoin d'être ce que nous ne pouvons pas être — c'est-à-dire parfaits –, nous découvrons que ce qui nous reste, c'est notre nature humaine dans sa splendide simplicité, notre bon fond, notre confiance et notre foi en nous-mêmes. Il ne nous reste que le cœur de notre personnalité, bon, objectif et responsable. Il nous reste aussi la conscience du fait que nous commettons des erreurs, et éprouvons des souffrances bien souvent sans savoir pourquoi. Qu'y a-t-il de mal à cela ?

La meilleure façon de se détacher de quelque chose, c'est de le faire avec amour. Abstenons-nous de haïr et de combattre ce dont nous essayons de nous débarrasser. Bien au contraire, honorons-le et reconnaissons pleinement que tous ces vieux outils – notre passé, nos remords, nos défenses et nos illusions – ont été de bons serviteurs qui nous ont amenés à être ce que nous sommes aujourd'hui. Ce sont eux qui nous ont faits tels que nous sommes; ils ont eu leur utilité puisque nous avons survécu. Ce sont des outils, défectueux peut-être, mais des outils quand même : ils nous ont façonnés. Il nous faut à présent des outils neufs et plus performants pour devenir meilleurs. Avant de nous détacher, avant de jeter ces vieux outils, accordons-leur le respect qu'ils méritent.

Il est plus facile de se défaire d'une chose que notre maturité rend inutile que d'une autre que nous détestons ou qui nous rend fous de rage. Quand nous haïssons une chose en nous et que nous essayons de nous en débarrasser par la force, elle tend à se montrer poisseuse, elle nous colle à la peau. Quand, au contraire, nous nous en détachons avec amour et sans en nier la valeur, elle glisse facilement et nous quitte de façon presque naturelle. Un bon exemple de ce processus, c'est une relation amoureuse dont nous nous détachons parce que nous avons mûri; nous parvenons facilement à nous remémorer les bons moments de cette liaison, nous reconnaissons tout ce qu'elle nous a appris. Dans ce cas, il est facile d'y mettre fin et nous nous sentons à l'aise vis-à-vis de nous-mêmes. A contrario, si nous ne pouvons détacher notre attention de la haine et des dissensions associées à cette liaison, celle-ci continue à exercer sur nous une influence dégradante : nous ne sommes pas libres et nous ne nous sentons pas à l'aise vis-à-vis de nous-mêmes.

Honorons les choses dont nous souhaitons nous détacher. Examinons-les une par une et souvenons-nous de l'utilité qu'elles ont eue pour nous. Reconnaissons-leur le mérite de nous avoir fait faire un bout de chemin. Disons-nous explicitement que, maintenant que nous nous sentons assez forts et responsables, nos besoins ont changé. A chaque étape de notre développement, nous devons nous détacher et aller de l'avant. Tant que l'on a besoin d'une béquille, c'est bien d'en avoir une à portée de la main; mais quand elle devient inutile, nous pouvons la ranger en douceur, avec amour. Plus nous développons notre estime de nous-mêmes, plus nous pouvons mettre de béquilles au placard. Une béquille inutile est une gêne. Le détachement est un processus, il prend du temps; il est d'autant plus facile qu'on le pratique avec amour.

37
Comment venir à bout de mon passé ?

Il peut sembler presque impossible de se détacher de son passé : comment se défaire d'une chose qui fait tant partie de soi ? Et d'abord pourquoi s'en détacher ? N'est-on pas ce que l'on est à cause de son passé ? La réponse à cette dernière question, c'est la raison pour laquelle il faut se détacher de son passé. Certes, on est dans une grande mesure ce que l'on est à cause de tout ce qui est arrivé dans le passé. Mais on est aussi davantage que cela : ce n'est que dans le présent que l'on peut être ce que l'on est. S'accrocher à son passé pour s'affirmer ou se trouver des excuses dans le présent est aussi dangereux que de vivre projeté dans un avenir illusoire. Aucun de ces deux comportements ne laisse la place à la réalité de ce que nous sommes : aucun ne dépend de nous.

Se détacher de son passé ne signifie pas l'oublier. Vos souvenirs font partie de vous-même, mais ils ne constituent pas la réalité de ce que vous êtes dans l'instant présent. C'est dans le présent que vous pouvez faire des choix, pas dans le passé. Autrement dit, vous ne pouvez pas être tenu pour responsable de choses qui échappent à votre maîtrise. Et votre passé vous échappe totalement : il est passé. Vous ne pouvez pas retourner en arrière pour le changer. Voilà pourquoi il est important de vous détacher et d'aller de l'avant.

Rien ne peut vous bloquer de façon aussi efficace que le fait de traîner votre passé avec vous. Il peut être utile de vous représenter votre passé comme une énorme poubelle emplie de bon et de mauvais. Le fait de la trimbaler sur vos épaules ne fait que vous alourdir et gêner vos mouvements présents. Sous le poids d'un lourd fardeau, vous ne pouvez pas donner le meilleur de vous-même. Laissez tomber votre sac, ouvrez-le et triez-en le contenu avec soin. Tâchez de séparer le bon – auquel vous attachez de la valeur – du mauvais – que vous détestez. Soyez objectif : vous constaterez souvent qu'une chose perçue a priori comme « mauvaise » a eu des effets bénéfiques tandis qu'une autre, appréciée au départ comme « bonne », n'a déclenché que des résultats négatifs. Honorez tout votre passé; c'est lui tout entier qui vous a amené là où vous en êtes aujourd'hui. Retenez ce dont vous avez réellement besoin et détachez-vous avec amour de tout le reste. Dorénavant, vous n'avez plus besoin de le transporter sur votre dos partout où vous allez. Autre image : voyez votre passé comme un manteau que vous portiez quand vous étiez enfant; à l'époque, il vous allait bien et vous tenait chaud; il vous servait à quelque chose. Mais vous avez grandi, il ne vous va plus et ne saurait vous tenir chaud. Pourquoi continuer à vous en encombrer?

Nous l'avons dit plus haut : il est impossible de retourner en arrière pour changer son passé; ce que l'on peut changer aujourd'hui, c'est l'influence que le passé a sur soi maintenant, dans le présent. Pour cela, il faut cesser de vouloir faire du passé ce qu'il n'a pas été. Si l'on vous a maltraité, rejeté ou mal aimé dans le passé, cessez de vous faire rejeter, maltraiter ou mal aimer dans le présent. Ce n'est que si vous êtes embourbé dans votre passé que vous continuerez à en répéter les schémas dans le présent. Pour vous libérer de ces schémas, il faut vous détacher. Vous aurez peut-être du mal à vous aimer vous-même si vous ne vous êtes jamais senti aimé; c'est difficile, mais ce n'est pas impossible. Si vous laissez à votre passé le soin d'écrire le scénario de votre vie présente, prenez-en la responsabilité. C'est vous qui vivez votre vie et vous êtes plus que ce que vous étiez naguère. Faites de votre mieux. Détachez-vous de tout ce qui vous retient. Soyez libre. Votre passé est une prison mais vous en détenez la clé; vous pourrez en sortir dès que vous choisirez de vous détacher.

La façon la plus efficace de se détacher de son passé est peut-être de prendre conscience de l'enfant qui est en nous, et d'apprendre à le materner. Ces concepts sont exposés dans les deux questions et réponses suivantes.

38
Quel est cet enfant qui me hante ?

Affectivement, on ne devient jamais « adulte ». Nos sentiments ne mûrissent pas. La colère ou la peine d'un enfant de deux ans sont les mêmes que celles d'un adulte. La façon dont nous exprimons nos sentiments peut être mûre ou immature, mais les émotions elles-mêmes ne sont pas affectées par le temps.

On peut se représenter l'enfant intérieur comme le magasinier de l'entrepôt qui contient nos émotions, un magasinier que nous n'avons pas choisi nous mêmes. C'est lui qui règne sur nos émotions et sur nos besoins tant que nous ne reconnaissons pas les premières ni ne satisfaisons les seconds. L'enfant intérieur ne remet pas les clés de l'entrepôt à l'adulte que nous sommes tant qu'il ne se sent pas « materné ». Et quel est le contenu de cet entrepôt régenté par l'enfant intérieur ? Toute la souffrance, tous les rejets, toute la solitude, tous les abandons et toutes les peurs de notre vie. Chacune de nos souffrances est soigneusement stockée par l'enfant intérieur. Comment apprenons-nous l'existence de celui-ci ? Au fait que nous réagissons de façon démesurée à certains événements; chaque fois que notre réaction est disproportionnée, on peut être sûr que c'est l'enfant intérieur qui fait son numéro. Chaque fois que nous nous sentons dépassés ou sans ressource, c'est l'enfant intérieur qui a pris en main notre comportement. Chaque fois que nos besoins guident aveuglément notre conduite, c'est que l'enfant intérieur exige que l'on s'occupe de lui. Chaque fois que nous nous sentons démunis, désespérés ou complètement accablés, chaque fois que nos sentiments sont inadaptés à la situation réelle, c'est l'enfant intérieur qui hurle son besoin d'attention.

Tout le monde abrite-t-il un enfant intérieur en soi ? Oui. Tous autant que nous sommes, nous avons jadis perçu le monde par les yeux d'un enfant. Et nous avons tous quelques souvenirs de ces perceptions. L'enfant en nous se souvient de son impuissance, de son incapacité à maîtriser le cours des choses. Cet enfant garde en mémoire d'innombrables injustices; il sait, par expérience personnelle, combien il est difficile de s'y retrouver dans ce monde incompréhensible. L'enfant intérieur connaît les solutions à court terme : il sait crier, pleurer et exiger de l'attention ou au contraire devenir passif, se recroqueviller sur lui-même et attendre, les bras ballants, que l'on vienne à son secours. Si les secours n'arrivent pas, c'est le désespoir. L'enfant intérieur, qu'il réagisse trop ou pas assez, sait qu'il n'a pas la maîtrise de ce qui va arriver. Un enfant intérieur en bonne santé a la certitude que l'on répondra tôt ou tard à ses besoins, et il est capable de patienter avant d'obtenir satisfaction; nombre d'entre nous, hélas, n'ont pas un enfant intérieur en bonne santé.

La plupart des gens sont conscients du fait que leur personnalité comporte un certain nombre de facettes correspondant à autant de rôles : l'adulte, l'enfant, le papa (ou la maman), le professionnel, etc. En tant qu'adultes, nous avons tendance à n'apprécier que notre côté mûr, et nous nions ou ignorons notre côté puéril, surtout quand les foucades de l'enfant intérieur nous font honte. On nous a en général inculqué que nous devons nous comporter en adultes et réprimer l'enfant qui survit en nous. Nous parvenons en général assez bien à inhiber le côté négatif de l'enfant, capricieux et excessif, mais, ce faisant, nous inhibons aussi son côté positif, spontané, gai et joueur. De surcroît, notre enfant intérieur ne se laissera étouffer que momentanément. Il ressurgira plus fort que jamais au moment où nous ne l'attendons pas, et se comportera souvent de façon choquante. C'est un peu comme s'il prenait sa revanche du fait que nous ne lui avons pas accordé l'attention dont il a besoin. C'est ainsi que la plupart d'entre nous font un éternel bras de fer avec leur enfant intérieur, sans comprendre cette évidence : l'enfant intérieur règne sans partage sur nos émotions tandis que nous nous acharnons à maîtriser notre pensée logique. Or nous savons bien, grâce à des expériences parfois cuisantes, que les émotions ont toujours le dernier mot sur la logique. L'enfant intérieur n'a de pouvoir que dans la mesure où sa véritable importance n'est pas reconnue, c'est-à-dire où nous ne tenons pas compte de nos souffrances : c'est là le secret de l'enfant intérieur.

39
Que puis-je faire pour mon enfant intérieur ?

Je dois commencer par en admettre l'existence; ensuite, reconnaître qu'il souffre, même si je ne comprends pas toutes ses souffrances. Il faut que je me souvienne de ce que ressent un enfant quand il est plongé dans la douleur. Il faut que je permette à mon enfant intérieur de se mettre en colère contre moi. Il faut aussi que je sache que ma personnalité ne se limite pas à celle de mon enfant intérieur, et que je suis le seul à pouvoir m'occuper de cet enfant.

A quoi reconnaîtrez-vous votre enfant intérieur ? Il peut être utile que vous feuilletiez vos albums de famille, si vous en avez, et que vous y trouviez une photo de vous âgé de moins de cinq ans. Décollez-la, mettez-la en évidence dans un endroit où vous aurez l'occasion de la voir souvent. Si possible, portez-la sur vous et regardez-la plusieurs fois par jour. Familiarisez-vous avec la physionomie de votre enfant intérieur. Il n'est pas facile de nier ou d'ignorer quelqu'un que vous voyez tous les jours. Essayez de vous remémorer ce que vivait vraiment cet enfant. Replongez-vous dans les sentiments qu'il éprouvait pendant son enfance. Remémorez-vous le passé avec les yeux de l'enfant. Souvenez-vous que vous n'êtes plus cet enfant, et que vous ne risquez pas de vous retrouver prisonnier du passé comme l'est l'enfant intérieur. Avant de pouvoir faire quoi que ce soit pour cet enfant, il faut le connaître le mieux possible. La prochaine fois que vous réagirez de façon disproportionnée à un événement quelconque ou que vous vous sentirez impuissant ou dépassé par une situation donnée, ce sera le signal : l'enfant intérieur essaie d'entrer en communication. Il tente d'attirer votre attention en se servant d'émotions violentes. Ne vous mettez pas en colère contre vous-même (c'est-à-dire contre votre enfant intérieur) quand vous éprouvez ces sentiments incontrôlables. Votre colère ne peut qu'ajouter aux souffrances de l'enfant intérieur, et c'est précisément à la souffrance qu'il réagit si fort.

Reconnaissez alors que votre enfant intérieur souffre, même si vous ne comprenez pas toutes ses souffrances. Votre enfant intérieur est furieux, triste, effrayé ou tout cela à la fois, et beaucoup de ses sentiments sont dirigés contre vous. L'enfant sait que vous êtes la seule personne à même de l'aider, il est triste et furieux que vous persistiez à l'ignorer. Il est terrifié à l'idée que vous ne viendrez jamais à son secours, que vous ne l'aimerez jamais de la façon dont il en ressent le besoin. Souvenez-vous du fait que votre enfant intérieur n'est qu'un petit enfant dépourvu des compétences et ressources que vous avez acquises; et ce petit enfant porte des souffrances bien trop lourdes pour son âge.

Distanciez-vous de votre enfant intérieur. C'est vous l'adulte, le sage, le papa ou la maman; et vous avez tout ce qu'il faut pour « materner » l'enfant. N'ayez pas peur de lui. Rappelez-vous : il n'a de pouvoir sur vous que dans la mesure où vous l'ignorez, où vous niez son existence. Or, il n'en demande pas plus que les autres enfants : il a besoin d'amour, de protection et de sécurité. Vous et vous seul pouvez lui fournir ce dont il a besoin. Si cela vous pose un problème, c'est peut-être le moment de demander de l'aide. Beaucoup de psychologues connaissent le concept de l'enfant intérieur, et peuvent vous aider à le « materner». Il y a sur le sujet plusieurs livres excellents susceptibles de vous aider. Vous pouvez aussi apprendre par l'observation; si vous avez des enfants et que vous les élevez de façon plus ou moins correcte (nul n'est parfait...), observez la façon dont vous vous y prenez avec vos véritables enfants. Si vous n'avez pas d'enfant, regardez faire ceux qui en ont. Que font-ils quand un enfant se fait mal ? Quand il a besoin d'être rassuré ? Quand il fait un caprice ? Que disent-ils pour calmer l'enfant ? Comment lui expriment-ils leur amour ?

Commencez à parler à votre enfant. Dites-lui par exemple : «Je suis là. Je t'écoute. Je sais que ça ne va pas. Je veux t'aider. Tu n'as pas à t'en faire, je m'occupe de toi. Je ne suis pas en colère contre toi. Je comprends. Tout va s'arranger. Tu es un bon petit. Je t'aime. » Ne vous attendez pas à ce que l'enfant vous accorde sa confiance d'entrée de jeu; voilà maintenant bien longtemps qu'il vous attend : il va vous mettre à l'épreuve avant de s'abandonner. Cette mise à l'épreuve peut correspondre à une aggravation des symptômes qui vous déplaisent. Peut-être vos émotions vont-elles vous trahir plus souvent que naguère; peut-être encore croirez-vous que votre enfant intérieur n'existe pas car il est complètement prostré, passif et recroquevillé sur lui-même. Continuez à lui prodiguer douceur et attention; il commencera à vous prêter l'oreille. Soyez disposé à vous comporter comme le papa ou la maman «modèle» qu'il a toujours désiré mais jamais obtenu. Même si vous avez eu des parents modèles qui vous ont comblé d'attention et d'amour sans faillir, peut-être votre enfant intérieur trouve-t-il encore quelque chose à redire à votre comportement. Mais vous avez un avantage décisif sur vos vrais parents :

du fait que votre enfant intérieur fait partie de vous, vous saurez exactement quels sont ses besoins, quand et comment les satisfaire jusqu'au dernier. Vous êtes le papa (ou la maman) idéal pour votre enfant intérieur, et celui-ci est le seul pour qui vous puissiez être le parent idéal. La perfection n'existe pas dans le domaine des relations humaines, mais vos relations avec votre enfant intérieur peuvent réellement approcher la perfection.

Il ne suffit pas de reconnaître ni d'accepter votre enfant intérieur. Pour qu'il guérisse, il a besoin d'amour et, comme vous êtes la seule personne qui compte à ses yeux, c'est vous qui devez le lui prodiguer. Ce petit monstre tapi au fond de vous-même, qui ne vous donne que des problèmes, qui vous fait des scènes et vous ridiculise aux pires moments, qui vous donne l'impression d'être impuissant, faible et immature, il faut que vous appreniez à l'aimer; pour cela, renoncez à toute acrimonie à son égard, cessez de le critiquer et de le punir. Acceptez-le, accordez-lui votre attention chaque fois que c'est nécessaire. Donnez-lui ce qu'il veut quand il veut, et non pas quand cela vous arrange; comprenez qu'il vous en veut mais que cette rancœur disparaîtra un jour. Admettez que ce n'est pas de votre faute s'il souffre. Ce n'est pas vous qui l'avez fait souffrir au départ, et vous ne pouviez rien faire pour lui jusqu'à présent. Abstenez-vous de vous traiter avec dureté, autrement l'enfant croira que vous êtes dur avec lui. Sachez que tous les enfants se culpabilisent de la souffrance qu'ils voient autour d'eux; ils croient que c'est de leur faute, ils s'en sentent responsables. Ils font de leur mieux pour que la situation s'améliore et, si ce n'est pas le cas, ils s'en font le reproche. Votre enfant intérieur croira que c'est de sa faute si vous devenez un papa (ou une maman) déçu ou que vous baissez les bras.

Reprenez son éducation à zéro mais sans lui céder. Quand il vous joue son numéro, vous pouvez l'aider à se maîtriser en faisant preuve d'un amour structuré et d'une discipline douce mais ferme. Vous pouvez apprendre la patience à votre enfant intérieur, à partir du moment où il est sûr qu'il finira par obtenir satisfaction. Si vous sentez qu'il exige votre attention et que les circonstances vous interdisent de tout laisser en plan pour vous occuper de lui, dites-lui : « Je t'entends. Je sais que tu as besoin de moi. Je vais m'occuper de toi bientôt. Laisse-moi faire un moment ce que j'ai à faire, puis nous verrons ça ensemble. » Ce faisant, vous accusez réception du message qu'il vous transmet, vous n'ignorez pas sa présence; cela aide l'enfant intérieur à savoir que vous avez les choses en main et que vous allez vous occuper de lui dès que possible. Naturellement, il est vital que vous teniez parole, faute de quoi il ne vous croira pas la fois suivante. Soyez ferme et plein d'amour. L'enfant intérieur a besoin d'autorité et de discipline.

Pour aimer votre enfant intérieur, le plus simple est de lui appliquer tout ce que vous avez appris à faire pour vous aimer vous-même. Autrement dit, traitez-le de la même façon que vous vous êtes traité pour pratiquer l'estime de vous-même. Vous apprendrez à vous aimer vous-même et à aimer votre enfant intérieur en même temps. Aimer votre enfant intérieur vous permettra de vous aimer vous-même. Si vous ne pouvez ni ne voulez aimer votre enfant intérieur, cela vous interdira l'accès à l'estime de vous-même. L'enfant intérieur mal aimé restera le magasinier qui détient la clé de votre entrepôt d'émotions; et vous serez en guerre avec vous-même.

Une fois que vous décidez d'aimer votre enfant intérieur, que va-t-il se passer? Plusieurs choses, toutes plus merveilleuses les unes que les autres. Votre enfant intérieur se sentira protégé, en sécurité : il cessera de se montrer coléreux et exigeant. Il cessera de gérer votre réserve d'émotions, c'est vous qui aurez la clé de l'entrepôt. Vous cesserez d'essuyer les sorties inattendues de votre enfant, et vous maîtriserez en profondeur votre comportement. L'emprise de votre enfant intérieur sur vous-même se relâchera et vous pourrez enfin vous comporter en adulte. Votre enfant intérieur deviendra ce qu'il est vraiment, juste un tout petit enfant au creux de vous; quant à vous, vous deviendrez plus adulte, plus aimant et plus maître de vos moyens. Votre enfant intérieur apprendra que, quand il requiert votre attention, il n'a pas besoin de faire des scènes : il lui suffit de demander, et vous vous occupez de lui. Il ne faut pas grand-chose aux petits enfants pour se sentir comblés. Et votre enfant intérieur, heureux et choyé, vous permettra surtout d'être vous-même heureux et choyé, et parfois plus rieur et spontané. Il est extrêmement difficile pour un adulte de donner le meilleur de lui-même tout en faisant taire un galopin de deux ans qui trépigne en lui. Pensez plutôt à toute la joie et à tout l'amour que vous inspire cet enfant, lorsqu'il est rayonnant et vous sourit avec amour. Votre enfant intérieur mérite, tout comme vous, d'être aimé. Apprenez à vous aimer tous les deux. La seule chose que vous avez à y perdre, c'est la souffrance de votre passé.

40

Comment mettre fin à ma souffrance ?

Comme nous venons de le voir, le fait de « materner » votre enfant intérieur mettra fin aux souffrances qui surgissent de votre passé. Mais que dire de la douleur actuelle, celle qui vous étreint ici et maintenant ?

La souffrance qui nous est utile, la souffrance naturelle, a toujours une fin. Un corps physiquement et affectivement sain s'efforce naturellement d'atteindre un état de non-douleur. Il existe des pathologies physiques qui provoquent des douleurs chroniques; heureusement, la douleur affective n'a aucune raison de devenir chronique, sauf si nous nous appliquons à la ressasser. Le processus naturel de la souffrance, à quelques exceptions physiques près, suit toujours, avec le temps, une courbe descendante. Pour soulager la douleur aussi vite que possible, il faut l'accepter, en prendre pleinement conscience au moment où elle se produit, c'est-à-dire la prendre « à bras-le-corps. »

Il n'y a pas de douleur naturelle sans raison : on subit un traumatisme et celui-ci provoque une souffrance. La souffrance affective provient fréquemment d'une perte : quand nous perdons quelque chose, il est normal d'en ressentir le déchirement. Si nous perdons une chose importante à nos yeux sans en ressentir de souffrance, ce n'est pas normal; de deux choses l'une : soit nous n'étions pas attachés à ce que nous avons perdu et, par conséquent, nous ne souffrons pas; soit nous occultons notre souffrance, et nous sommes incapables de sentiment. Il vaut toujours mieux ressentir sa souffrance, même si nous n'en avons vraiment aucune envie, que de la nier ou de l'occulter car, tôt ou tard, il nous faudra l'affronter et elle sera pire à ce moment-là qu'elle ne l'était au départ. Il n'est pas sain d'être incapable de ressentir la souffrance; les personnes qui sont dans ce cas sont en général des handicapés affectifs. La souffrance est un processus naturel de retour à l'équilibre. Tous les êtres humains la connaissent car elle fait partie de la vie.

La souffrance est un professeur de grand talent; elle nous apprend la patience, l'humilité et l'écoute des autres. Elle nous apprend que nous sommes en vie, et remet les choses à leur juste place. Quand nous souffrons vraiment, nous prenons conscience de la futilité de bien des affaires qui nous plongent dans les soucis et l'agitation. Nous apprenons à mieux tirer parti des périodes où nous ne souffrons pas. Cependant, la plupart d'entre nous préfèrent largement ne pas souffrir et consacrent une énergie considérable à esquiver la douleur. Quelques personnes, en revanche, restent accrochées à leur souffrance : elles s'en servent pour obtenir l'attention des autres, pour que l'on s'occupe de satisfaire leurs besoins, pour fuir la solitude et même pour se sentir plus vivantes. Cette souffrance-là, je l'appelle la souffrance artificielle. Longtemps après qu'elle aurait dû disparaître, elle est toujours présente et utilisée pour ses bénéfices secondaires. Un processus fort malsain s'enclenche de la sorte et ce type de masochiste a besoin d'une aide professionnelle pour se libérer de sa souffrance.

Si votre souffrance est réelle, et constitue une réaction normale à la réalité, vous pouvez la minimiser en vous y prenant de la façon suivante :

– acceptez-la, et sachez qu'elle passera;
– cessez de la combattre, honorez-la dans toute la mesure du possible;
– cessez de la haïr;
– ne fulminez pas contre vous-même sous prétexte que vous souffrez;
– traitez-vous vous-même avec encore plus de douceur et d'amour que d'habitude;
– faites-vous aider : la plupart des gens peuvent se reconnaître dans votre douleur, car ils en ont eux-mêmes fait l'expérience; peu importe la raison de votre souffrance au moment où vous demandez de l'aide, car vous pouvez partager la souffrance même si les causes en sont différentes;
– n'ayez pas peur de votre souffrance : vous avez la capacité d'assumer ce que vous ressentez si vous permettez à votre corps de connaître ses limites;
– nous avons tous d'extraordinaires ressources analgésiques naturelles programmées en nous pour affronter aussi bien les souffrances physiques que les souffrances affectives; ne bloquez pas l'utilisation naturelle de ces ressources;
– sachez que la souffrance passera et, quand elle culminera au point de devenir insupportable, elle commencera à diminuer;
– prêtez attention aux moments sans souffrance, vous remarquerez qu'ils sont chaque jour plus nombreux;
– profitez de la douleur pour remettre en place vos priorités : accordez votre attention aux choses qui le méritent vraiment;
– enfin, admettez que cette traversée du désert vous rendra plus fort, plus attentionné, plus compatissant, plus tolérant et plus aimant.

41

Pourquoi dois-je continuer à souffrir ?

Tout changement est douloureux. Tout apprentissage comporte des souffrances. Désapprendre pour réapprendre est plus pénible encore. Toute croissance, toute évolution est jonchée d'épreuves. Il suffit de se rappeler les « crises de croissance » de notre jeunesse.

Pour apprendre à s'aimer soi-même et acquérir l'estime de soi, il faut tourner le dos à un modèle qui nous est familier, et apprendre à travailler avec un nouveau modèle qui nous semble au départ malcommode et bizarre; c'est douloureux. Chaque fois que nous nous détournons d'une habitude, même si celle-ci nous faisait souffrir, nous avons le sentiment de perdre quelque chose. L'exemple de certains couples qui se séparent est frappant : peut-être avez-vous fait personnellement cette douloureuse expérience. La seule raison que donnent bien des gens de poursuivre une relation de couple décevante, c'est qu'ils y ont leurs petites habitudes, confortablement pénibles. L'inconnu, du seul fait qu'il ne nous est pas familier, nous effraie davantage que le connu, fût-il empli de souffrances. Aussi étrange que cela puisse paraître, des décisions bizarres sont fréquemment prises dans ce sens. Notre modèle occidental nous a appris à éviter les risques affectifs, à nous fixer des buts et à les atteindre, faute de quoi nous sommes des ratés. Nous choisissons donc de rester dans des souffrances épouvantables plutôt que de reconnaître notre échec, plutôt que d'admettre notre incapacité à atteindre le but fixé : par exemple, sauver une relation qui bat de l'aile.

La vérité sur la souffrance, c'est que nous y sommes confrontés quoi que nous fassions. Par conséquent, il est vain de se servir de la souffrance comme prétexte pour ne pas essayer des solutions nouvelles, par exemple apprendre l'estime de soi; en effet, on n'évite pas la souffrance en refusant de changer. On change en permanence. La vie est dynamisme, tout le monde évolue. Tout développement exige le changement, et tout changement est, au début, douloureux.

Quel est le secret pour affronter les douleurs à venir ? Il faut savoir qu'elles se présenteront et ne pas en avoir peur. Si nous ne souffrons pas dans l'instant présent, pourquoi nous ronger à propos de quelque chose d'inévitable, dont nous n'avons pas la maîtrise ? Réjouissons-nous si nous traversons une période sans souffrance et faisons-nous confiance pour l'avenir : nous saurons faire face à la douleur quand elle se présentera. La peur de la souffrance empêche bien des gens de vivre leur vie dans toute sa plénitude. Si vous vous comptez au nombre de ces froussards, remémorez-vous la définition du courage : le courage consiste à avoir peur tout en continuant à agir. Si vous faites quelque chose sans avoir peur, vous ne faites preuve d'aucun courage. Il faut avoir du cran pour continuer à vivre quand on a peur des douleurs de l'existence, bien plus qu'il n'en faut pour vivre sans peur. Commencez par être courageux, vivez votre vie en dépit de votre peur de la souffrance. En peu de temps, ce nouveau comportement deviendra pour vous une seconde nature; vous n'aurez plus peur des souffrances qui vous attendent. Et quand l'heure sonnera de souffrir – et elle sonnera tôt ou tard –, vous serez à même d'y faire face et de ne pas vous y attacher.

42

Y a-t-il un lien entre la souffrance, l'estime de soi et l'exercice physique ?

Oui, un lien étroit. L'activité physique, quelle qu'elle soit, nous aide à nous sentir bien et à soulager nos souffrances. Il est difficile d'avoir de soi une image désastreuse quand on mène une vie très active. Quand on est en relation constante avec son environnement, il est beaucoup plus difficile de se concentrer sur ses sentiments négatifs, son découragement et sa souffrance affective. Des recherches ont prouvé que le fait de marcher d'un pas vif, la tête haute, est un remède à la dépression. Connaître son environnement, sentir qu'on en fait partie, aide à détacher son attention de soi-même et de ses sentiments négatifs.

Néanmoins, il y a une différence entre une activité réfléchie et relaxante, par exemple l'exercice physique, et l'agitation fébrile consistant à papillonner sans but. Ce dernier type d'activité équivaut à tenter de se fuir : on y gaspille beaucoup de temps et d'énergie. C'est comme si l'on était sur un manège : on bouge sans aller nulle part. Quand nous nous livrons à une activité physique, nous affirmons la maîtrise de notre corps et nous commençons à nous sentir plus maîtres de nous-mêmes.

Le meilleur exercice possible quand on se sent bouleversé, angoissé ou dépassé par les événements, est également le plus simple : il faut respirer. Suspendez un instant toute autre activité, et prenez trois profondes inspirations. Tout en inspirant profondément, pensez à la force, à l'énergie et à la vie qui pénètrent en vous. C'est effectivement ce qui se passe : concentrez-vous sur cette réalité. Retenez votre souffle un instant, puis expirez lentement. Tout en soufflant, imaginez toutes les tensions, les angoisses et les peurs qui s'écoulent de votre corps. Après avoir respiré de la sorte, vous vous sentirez plus calme et plus maître de vous. Votre corps sera plus détendu. Vous serez à même de mieux fonctionner.

Un autre exercice simple, c'est la marche à pied. Faites d'un pas vif le tour de votre pâté de maisons, d'un stade ou d'une salle de gymnastique. La marche aide à réfléchir. Si vos pensées s'éparpillent et que vous vous sentez vraiment anxieux, concentrez-vous sur ce que vous apercevez tout en marchant. Faites une pause mentale, accordez-vous une petite récréation. Certaines difficultés ne peuvent être résolues dans l'instant. Arrêtez de vous répéter que vous êtes sous tension et que vous devez changer vos sentiments. Accordez-vous un petit délai pour vous livrer à une activité physique déterminée. Cela vous aidera.

L'estime de soi signifie que vous vous aimez ET que vous prenez soin de vous-même. Quand vous vous trouvez dans un état désagréable, faites votre possible pour en changer. L'exercice physique est un des outils susceptibles de nous aider à faire une transition. Pensez à ce que vous ressentez lorsque vous exultez : impossible de rester en place, votre corps se met de lui-même en mouvement.

Certains exercices passifs, comme la méditation, peuvent également se révéler utiles. Tout ce qui peut vous aider momentanément à sortir de vous-même et à examiner de façon objective la situation est un antidote à l'angoisse et à la souffrance de l'instant. Ces activités, sauf excès névrotique, ne consistent pas à fuir ni à nier la souffrance : elles diminuent le sentiment d'impuissance et le désespoir. Ayez recours à ces outils : ils sont efficaces.

III

QUESTIONS INDIVIDUELLES

43
J'ai toujours été comme ça : pourquoi changer ?

Parce que ça ne va plus. Nous ne changeons pas quand tout nous sourit, nous changeons quand quelque chose ne va pas. Le problème avec le modèle activiste, c'est qu'il fonctionne... quelque temps. Quand il se grippe, nous avons tendance à croire que c'est de notre faute, et non de la faute du modèle. En général, tant que nous nous sentons bien dans notre peau et à l'aise dans notre vie, nous ne tentons pas de changer. Quand nous cherchons des réponses nouvelles, c'est que quelque chose s'est bloqué et qu'un changement est nécessaire.

Le tout, c'est de le faire au bon moment, chacun à son heure. Nous éprouvons le besoin de changer quand le moment est venu pour nous de le faire. Quand nous éprouverons de la douleur, nous saurons que notre heure est arrivée : nous serons alors disposés à tester des solutions neuves pour soulager notre souffrance. Si nous n'agissons pas talonnés par la souffrance, mais par simple curiosité d'apprendre le modèle ontologique, il y a toutes les chances pour que nous ne changions pas. La curiosité, à la différence de la douleur, n'est pas un moteur efficace du changement.

Si le temps n'est pas venu pour vous de changer, prenez-en acte et aimez-vous tel que vous êtes. Si au contraire ce temps est venu, sachez que ce changement sera douloureux mais que les douleurs du changement sont purificatrices et résolutoires : elles permettent de grandir, de croître et de se développer; quand on se développe, on abandonne des habitudes qui ont prouvé leur utilité dans le passé mais qui sont désormais caduques. Se développer, cela consiste à apprendre des choses nouvelles, inconnues, voire inquiétantes. Ne vous reprochez pas de ne plus pouvoir fonctionner de la même façon que précédemment.

Nul ne peut décider du moment propice pour changer. Ce qu'il y a de sûr, c'est que vous changerez; les nouveaux outils dont vous aurez besoin ne révéleront leur utilité que le moment venu. Vous aurez peut-être l'impression momentanée d'être bloqué, cloué sur place; vous désirerez changer, vous vous sentirez prêt mais rien ne se passera. Dans un moment pareil, il est facile de se décourager et de retomber dans les habitudes précédentes; vous avez peut-être coutume de penser en termes d'objectifs, et de vous considérer comme un raté si vos tentatives de changement se soldent par des échecs. Le changement est inévitable mais vous ne sauriez le maîtriser en totalité, pas plus que le temps qu'il vous faut pour changer. Quand vous êtes bloqué et que vous ne comprenez pas pourquoi, la meilleure chose à faire est de vous accepter tel que vous êtes dans l'instant présent, c'est-à-dire bloqué; entraînez-vous alors à vous aimer tel que vous êtes dans cette position nouvelle. Ce n'est pas facile mais ça marche; en fin de compte, tout finira par se débloquer : vous irez de l'avant, vous évoluerez.

Evitez également de tomber dans l'erreur qui consiste à vous reprocher d'avoir mis si longtemps à changer. Le fait de vous faire des reproches à propos de quelque chose que vous ne maîtrisez pas vous fait retomber tout droit dans le moi faible. Souvenez-vous : ce n'est pas un concours, vous n'avez pas de concurrent. Peu importe à quelle vitesse vous changez, personne ne mesure l'amour que vous avez pour vous-même : le modèle ontologique n'est pas quantitatif. Vous en êtes là où vous en êtes : vous changez en permanence, mais vous n'êtes pas maître du calendrier. Vous pouvez maîtriser la façon dont vous évoluez : ne perdez pas votre temps à vous reprocher de ne pas avoir changé plus tôt, ni à vous demander pourquoi vous vous sentez bloqué pour le moment. Acceptez le rythme de votre changement, tout comme vous avez appris à vous accepter vous-même. Si tout marche pour vous, tant mieux. Si rien ne marche, tant mieux aussi : le moment de votre changement est d'autant plus proche.

44
Pourquoi tant de colère en moi ?

La colère est une des émotions les plus fondamentales et les plus importantes. Elle est nécessaire à la survie : elle donne la force de se défendre contre des événements qui, normalement, nous dépasseraient. La colère est également indispensable au développement du petit enfant : elle l'aide à distinguer sa personnalité de celle des autres. Tout le monde éprouve de la colère. Pourquoi ce sentiment fondamental est-il pour tant de gens si difficile à affronter ? Pourquoi nient-ils leur colère ? Qu'est-ce qui leur fait si peur ?

On trouve les réponses à ces questions, de nouveau, dans notre éducation. On nous a appris depuis notre petite enfance que c'est « mal » d'être en colère, et que les gens ne nous aiment pas quand nous sommes en colère. On nous a inculqué que la plupart de nos colères sont injustifiées (comme si les sentiments avaient besoin de justification) : nous n'avons pas le droit d'être en colère car nous devons faire passer les sentiments de notre interlocuteur avant les nôtres ! Depuis notre enfance, nous avons appris à nier et à réprimer notre colère, pour éviter de nous faire cataloguer comme « mauvais ». Si nous ne parvenons ni à nier ni à réprimer notre colère, si nous l'exprimons, nous éprouvons des remords et le besoin de nous justifier. Nous avons appris, en général vers l'âge de cinq ans, que la colère provoque un cercle vicieux : si nous l'exprimons, nous sommes « mauvais »; si nous la réprimons, notre colère grandit et se transforme en rage aveugle : de nouveau, nous sommes « mauvais »; si nous nions son existence, nous apprenons à ne pas faire confiance à nos propres sentiments, et nous nous sentons mal. Comment sortir de ce cercle vicieux ?

Accordez-vous la permission de vous mettre en colère. Il est impossible de maîtriser ses sentiments de colère. Nul ne sait jamais quand ni pourquoi ni comment il se sentira en colère. Parfois, on peut se sentir en colère sans savoir pourquoi. D'autres fois, on s'attend à être irrité et rien ne se passe. La colère cohabite en nous avec d'autres sentiments. Acceptez le fait que vous puissiez vous sentir en colère. Mais ne confondez pas le sentiment de colère avec l'expression de ce sentiment. Vous ne pouvez pas maîtriser votre sentiment, mais vous pouvez maîtriser la façon dont vous décidez de l'extérioriser.

Notre éducation nous conduit à confondre le sentiment de colère avec les comportements désordonnés que celui-ci provoque. La plupart d'entre nous ont peur de ce qu'ils font sous l'empire de la colère. Nous nous obstinons à nier et à réprimer notre colère jusqu'à ce qu'elle explose en fureur aveugle. Nous nous comportons alors de façon destructrice tant vis-à-vis des autres que vis-à-vis de nous-mêmes. En acceptant nos sentiments d'exaspération au fur et à mesure qu'ils surgissent, nous évitons que la pression ne s'accumule avec un risque d'explosion. Souvent, il suffit d'accepter notre colère au moment où elle apparaît. Souvenez-vous : il n'est pas toujours nécessaire d'extérioriser nos pensées et nos sentiments; nous pouvons décider ce que nous allons faire et le choix qui s'offre à nous est large.

Quand vous vous sentez en colère, entraînez-vous à vous dire ceci : « Je suis en colère. Qu'est-ce que je désire en faire ? Est-ce que je me sens en accord avec moi-même, alors même que je suis en colère ? » Parfois, vous déciderez d'extérioriser votre sentiment; parfois, vous déciderez d'y réfléchir un moment avant d'agir; parfois, vous aurez envie de vous mettre à hurler, et d'autres fois d'en parler calmement. De temps en temps, vous pourrez même décider de laisser passer cette humeur passagère, sans rien faire de spécial. Quand on est furieux, il n'y a pas de décision toute faite à appliquer aveuglément. Tout comportement que vous décidez d'adopter est acceptable, à condition que vous l'assumiez et que vous vous sentiez en accord avec vous-même. Si vous n'arrivez ni à dépasser votre colère ni à vous calmer, demandez de l'aide. La plupart du temps, le simple fait de reconnaître, à chaud, que vous êtes en colère, suffira à vous calmer, surtout si vous acceptez ce sentiment sans vous juger. Encore une fois, vous ne pouvez pas maîtriser vos sentiments, et vos sentiments ne peuvent pas vous maîtriser, à moins que vous ne décidiez de vous soumettre à eux.

45
Pourquoi est-ce que je ne me sens pas maître de moi ?

On n'est pas maître de soi tant que l'on ne se fait pas confiance, tant que l'on se laisse submerger par ses sentiments et tant que l'on n'endosse pas la responsabilité de ses actions. Le manque de maîtrise et le sentiment d'insécurité ont une source commune : le manque d'estime de soi. On sent bien que l'on ne réalise pas tout son potentiel, et l'on accuse n'importe qui et n'importe quoi de ce manque de maîtrise. On s'acharne à dénicher hors de soi-même la responsabilité de ce que l'on est. On abdique son autorité personnelle. On ne fait plus que réagir à des stimuli extérieurs.

La prochaine fois que vous vous sentirez dépassé, songez à un ascenseur. Un ascenseur réagit quand quelqu'un appuie sur un bouton. Le premier venu peut se présenter et appuyer sur un bouton rouge : et crac ! Vous vous mettez en colère. Ou appuyer sur un bouton bleu : et crac ! Vous vous sentez déprimé. La seule façon d'enrayer cet automatisme, c'est d'accrocher à la porte de votre ascenseur un panneau « en panne » : cessez de réagir à ce que les autres veulent vous faire faire.

Cessez d'être victime des autres. Nul n'a le droit de vous régenter. De même que vous ne pouvez diriger les sentiments des autres, les autres ne peuvent pas diriger vos sentiments, sauf si vous leur en donnez l'illusion. Vous ne pouvez pas être un bon ascenseur car vous ne pouvez pas transporter les gens où ils désirent aller. Vous ne pouvez que vous transporter vous-même où vous avez besoin d'aller, et c'est impossible si vous n'êtes pas maître de vous.

Finissez-en avec les récriminations envers vous-même ou envers autrui. Si vous vous sentez dépassé, acceptez-en la responsabilité. C'est votre choix, et sachez dorénavant qu'il existe des alternatives. Essayez des solutions nouvelles. Agissez au lieu de réagir. Abandonnez ce rôle passif de victime et ne laissez rien ni personne vous provoquer. Si vous êtes conscient à l'avance de la façon dont les autres vont agir et essayer de pousser vos boutons, préparez-vous en imaginant que vos boutons sont en panne. Faites quelque chose de différent. Prenez l'initiative, agissez avant eux. Faites preuve d'objectivité pour percer à jour leurs manipulations, ne vous laissez pas perturber. Ce que font les autres, c'est leur affaire; demandez-vous pourquoi ils ont fait ce choix. Peut-être ont-ils le même sentiment d'insécurité que vous, peut-être ont-ils besoin de vous faire réagir pour se justifier... Les gens qui ont besoin de victimes – qui ne peuvent s'empêcher de pousser les boutons des autres – manquent complètement d'estime d'eux-mêmes. A contrario, ceux qui sont emplis d'estime d'eux-mêmes ne chercheront jamais à vous manipuler, même si vous abdiquez toute dignité en leur faveur. Ils ne chercheront pas à renforcer vos réactions, mais vous encourageront au contraire à vous prendre en charge. Il ne leur viendra pas à l'idée de vous prendre pour victime; ils n'ont pas besoin de vous pour leur servir d'ascenseur.

Choisissez d'exercer votre autorité sur ce que vous pouvez maîtriser : vos sentiments à l'égard de vous-même et vos comportements. Quittez pour de bon cette cabine d'ascenseur !

46
Pourquoi suis-je déprimé ?

La dépression survient quand notre colère se retourne contre nous-mêmes et que nous nous sentons, d'une façon générale, battus d'avance. La dépression s'installe quand notre perception de la réalité commence à se conformer à la vision pessimiste que nous nous sommes créée, tant de nous-mêmes que du monde extérieur. On sombre dans la dépression quand on n'est ni encouragé ni soutenu, mais au contraire endoctriné à croire que l'on est mauvais. Les personnes sensibles réagissent fréquemment à la folie du monde en intériorisant leurs perceptions négatives, ce qui les fait sombrer dans la dépression.

Il est important de remarquer qu'il existe de nombreux types de dépression, dont les sources principales sont soit objectives (génétiques, physiologiques, etc.), soit subjectives (réaction à une situation, à un événement, etc.). Il y a des gens, issus de toute une dynastie de déprimés, qui souffrent de dépressions fréquentes sans raison apparente; ils doivent consulter un médecin pour identifier une éventuelle cause physiologique. Dans leur cas, des médicaments peuvent se révéler efficaces pour corriger une faiblesse héréditaire. On ne se remet pas d'une carence en vitamines avec de bonnes paroles : de même, une tendance congénitale à la dépression ne saurait être guérie avec le seul secours d'une psychothérapie. Dans ces cas précis, le développement de l'estime de soi est gravement entravé par un obstacle biologique. Il existe des antidépresseurs efficaces; quand nous souffrons de dépression d'origine physiologique, l'utilisation des médicaments idoines s'impose, avec le soutien éventuel d'une psychothérapie. La dépression chronique d'origine génétique n'est pas une maladie honteuse; mais elle est impossible à surmonter par le seul pouvoir de la volonté. Comme la couleur des yeux, c'est une caractéristique congénitale qui ne risque pas de se modifier spontanément. Pour en sortir, il faut utiliser tous les outils efficaces, dont les produits pharmaceutiques.

L'autre source majeure de dépression, c'est notre environnement; certaines circonstances fâcheuses nous affectent de façon négative. Les raisons de tristesse ne manquent pas, il est dans la nature de l'homme de réagir par la dépression à certains traumatismes. Ce type de dépression provoquée par une perte est semblable à la douleur : elle s'apaise avec le temps. La dépression chronique, en revanche, loin de s'apaiser avec le temps, est une gangrène qui mine jour après jour, et devient notre seule façon de percevoir notre environnement; notre regard devient irrémédiablement pessimiste.

Les déprimés chroniques sont des égocentriques en état de colère permanente. Il leur manque totalement le sens de l'autorité personnelle, ils ne se sentent pas assez forts pour assumer leurs responsabilités vis-à-vis d'eux-mêmes. Dans l'entourage d'un déprimé chronique, tout le monde est conscient de l'influence négative que celui-ci exerce. Le déprimé chronique est difficile à aimer car il fuit l'amour, de lui-même ou des autres. La dépression chronique n'est pas un sentiment comme la tristesse, c'est plutôt l'absence de tout sentiment, une superposition accablante de tous les sentiments mis ensemble, aboutissant à une passivité indifférente. La dépression chronique est parfois perçue comme du désespoir, mais elle s'en distingue facilement : on peut et on doit sortir de la dépression.

Si vous êtes un déprimé chronique, prenez-en acte et cessez de vous en imputer la faute. Si vous désirez sortir de votre dépression, c'est déjà un très bon début. Sachez que d'une part vous vous sentez déprimé et que d'autre part vous vous comportez de façon déprimée. Vous avez le pouvoir de modifier votre comportement, et vos sentiments suivront. Arrachez-vous à votre dépression assez longtemps pour vous faire aider; essayez de vous montrer courageux, essayez des solutions neuves même si vous ne vous en sentez ni la volonté ni l'énergie. Agissez en dépit de tout et récompensez-vous pour votre courage. Admettez que votre perception du monde et de vous-même ne sont justement que des perceptions, elles ne correspondent pas à la réalité. Vous avez le pouvoir de changer votre regard sur les choses. Essayez d'acquérir un regard objectif. Devenez sainement égoïste et cessez de vous prendre pour le nombril du monde : c'est long, mais vous avez le temps.

47

Pourquoi ai-je si peur de mes sentiments ?

Comme nous l'avons dit plus haut, on nous a appris à confondre nos sentiments avec l'expression de ces derniers. Nous pensons que nos sentiments sont synonymes des comportements qu'ils engendrent; par conséquent, la colère consiste à hurler, la peur à trembler et la tristesse à pleurer. Pourtant, les sentiments sont une chose et les comportements en sont une autre. Nous pouvons être en colère sans crier, avoir peur sans trembler et être triste sans pleurer.

On nous a aussi appris à discipliner ce dont nous ne pouvons avoir la maîtrise. On nous a éduqué à tenter de maîtriser notre colère, notre peur, notre joie, etc. On nous a dit qu'il ne fallait pas nous mettre en colère dans certaines situations, que nous n'avions pas le droit d'être tristes sans nous montrer faibles. Que de fois n'entend-on pas des parents dire à leurs enfants: « Ne sois pas triste », « Tu n'as pas le droit de te mettre en colère contre moi » ou encore « Arrête de t'exciter ». Ainsi, nous grandissons, convaincus de devoir, d'une façon ou d'une autre, maîtriser nos sentiments, mais sans savoir comment le faire. Le plus facile est donc de ne rien sentir du tout plutôt que de sentir quelque chose à des moments où il ne faudrait pas. Et quand nous ne parvenons pas à maîtriser nos sentiments, nous en concevons des remords et nous nous punissons d'avoir perdu le contrôle de nous-mêmes. Il n'est pas étonnant dès lors que nous considérions nos sentiments comme des ennemis, et qu'ils nous fassent peur !

En réalité, il est vain d'essayer de maîtriser ses sentiments puisque ce n'est pas possible. Il faut au contraire accepter ses sentiments sans peur, et s'attacher à maîtriser la façon dont nous les extériorisons. C'est plus facile à dire qu'à faire. Il y a toujours un petit décalage entre le jaillissement du sentiment et l'action consciente. Commencez par prendre conscience de ce décalage. Quand vous réagissez instantanément à vos sentiments, vous avez souvent l'impression que ces derniers vous ont submergé. Comprenez qu'il n'est pas nécessaire de réagir instantanément. Prenez le temps de décider ce que vous souhaitez véritablement exprimer. Admettez explicitement la survenue de votre sentiment en vous déclarant : « Je me sens... » (furieux, triste, etc.) puis demandez-vous : « Que me faut-il faire ? » Accordez-vous encore quelques secondes puis demandez-vous : « Comment me sentirai-je après avoir fait cela ? » Si vous avez l'impression que vous vous sentirez mal à l'aise après avoir adopté cette ligne de conduite, abstenez-vous ; essayez autre chose. Si vous pensez que ça ira, allez-y. Dans le doute, ne faites rien : vous avez parfaitement le droit d'être dans l'incertitude. Si un tiers est concerné, dites-lui ce que vous ressentez et que vous ne savez que faire. Souvent, sa réaction vous éclairera. Entamez le dialogue sans exiger de votre interlocuteur une réaction immédiate. Rappelez-vous qu'en admettant l'existence de vos sentiments, et en les acceptant, vous cesserez d'en avoir peur. Tous vos sentiments, qu'ils vous plaisent ou non, sont normaux et naturels. Ils font partie de vous, ils ne sont ni bons ni mauvais, ni justes ni faux. Les sentiments sont ce qui nous distingue des robots. N'ayez pas peur de votre nature humaine, et vous cesserez de craindre vos émotions.

48
J'ai tout ce dont j'ai besoin : pourquoi suis-je malheureux ?

Il faut se mettre d'accord sur ce que vous entendez par « tout ». Quand on pose cette question, « tout » signifie immanquablement les choses extérieures que notre société, selon le modèle occidental, considère comme importantes. Et toutes ces belles et bonnes choses sont liées au moi faible : nous dépendons de facteurs extérieurs pour assurer notre statut. Mais les facteurs extérieurs, du fait de leur nature éphémère, ne sont pas liés à notre moi intérieur, qui détient l'estime de nous-même. « Tout » n'est donc rien, du fait que ce « tout » échappe à notre maîtrise et peut nous abandonner à tout moment.

Les facteurs extérieurs ne sauraient rassasier notre moi intérieur ni notre enfant intérieur. Ce sont des jouets qui perdent rapidement toute valeur. Ce sont des miroirs aux alouettes qui nous fascinent tant que nous cherchons à les acquérir, mais une fois que nous en sommes propriétaires, ils perdent leur valeur à nos yeux et nous partons à la recherche d'autres mirages. Ce qu'il y a d'amusant, c'est le défi consistant à se les procurer et non leur possession en soi; la quête de l'estime de soi, c'est exactement le contraire : c'est un défi stimulant certes, mais la véritable joie qu'elle procure, c'est sa possession. Plus nous possédons l'estime de nous-mêmes depuis longtemps, plus nous lui accordons de valeur.

Aux yeux du moi fort, tous les biens extérieurs ne comptent guère pour le moi intérieur ou l'enfant intérieur. Ni l'un ni l'autre ne s'en laissent conter : ils refusent de se laisser acheter par des marchandises, ce qu'ils veulent, c'est de l'amour. Paradoxe : plus nous noyons notre moi et notre enfant intérieurs sous un flot de gâteries, plus le moi intérieur s'y perd et plus l'enfant intérieur crie famine. Le modèle activiste accorde une grande valeur aux biens de consommation, il nous enseigne que nous devrions être satisfaits quand la réussite nous comble; la réussite se mesure de façon quantitative : plus nous réussissons, plus nous possédons. Mais les biens matériels créent une accoutumance; l'accumulation nous satisfait de moins en moins, jusqu'à ce que nous nous lassions de tout. Pensons à certaines personnes riches – au sens du modèle occidental. Combien goûtent vraiment ce qu'elles possèdent ? Combien sont capables de dire : « Cela suffit... J'ai accumulé suffisamment » ? Combien de maisons, de voitures et de vêtements leur faut-il pour qu'elles se sentent en paix avec elle-mêmes ? Combien d'argent est nécessaire pour qu'elles se mettent à s'aimer elles-mêmes ? Le modèle occidental refuse de répondre à ces questions. En fait, le simple fait de les poser nous fait sortir du modèle. Les réponses, manifestement, ne s'y trouvent pas.

Les réponses à toutes ces questions sont simples : l'estime de soi, cela ne s'achète pas. On ne peut se la procurer à partir de biens matériels; et l'on n'est jamais satisfait tant qu'on ne l'a pas. Le fait de posséder tout ce dont on a besoin, en prenant comme référence des valeurs extérieures à nous-mêmes, conduit en général à devenir cynique, critique et blasé. Rien n'est plus triste qu'un moi faible richissime. Ce pauvre diable croit dur comme fer au modèle occidental et il se demande bien pourquoi il se sent si malheureux. Il tente souvent d'en faire plus, de se fixer des objectifs plus ambitieux, de se montrer exigeant jusqu'au délire, vis-à-vis de lui-même et vis-à-vis des autres. Il travaille plus vite encore, se sent trop important. Et quand il est enfin mis face à la réalité de ce qu'il est, à ce qu'il a fait de sa vie, le verdict est souvent accablant.

Il est ridicule de chercher quelque chose là où vous ne l'avez pas perdu. Cessez de chercher l'estime de vous-même dans le modèle du moi faible. Si vous possédez « tout » et que vous êtes malheureux, pourquoi ne pas essayer quelque chose de neuf ? Nul ne vous interdit de profiter des jouets que vous possédez, à condition de ne pas exiger d'eux une félicité qu'ils sont incapables de vous procurer. Amusez-vous avec vos jouets autant que vous voulez, mais gardez le temps de travailler sur vous-même pour développer votre estime de vous. N'attendez pas de vos jouets qu'ils éveillent votre conscience intérieure, qu'ils vous fassent atteindre l'équilibre ni le sentiment de votre valeur. Souvenez-vous que ce ne sont que des jouets, ils ne sont pas vous. Et vous, vous seul, êtes responsable de la façon dont vous vous percevez vous-même.

49

Pourquoi tant de rancœur en moi ?

La rancœur survient quand nous ne nous donnons pas assez à nous-mêmes. Cela signifie que nous donnons trop de nous-mêmes aux autres, jusqu'à nous sentir vides, seuls, maltraités, lésés, que sais-je encore... La rancœur n'est pas définie comme un sentiment primaire; c'est un sentiment primaire – probablement la colère ou la tristesse – qui a été modifié ou intellectualisé par notre « ordinateur cérébral » jusqu'à devenir ce que nous appelons la rancœur. Pour en finir avec elle, mieux vaut s'attaquer à sa cause : les sentiments sous-jacents.

La rancœur surgit quand nous offrons un cadeau « à double tranchant », c'est-à-dire assorti de conditions. Nous donnons par exemple notre temps, notre énergie ou bien un objet matériel alors que nous n'avons pas vraiment envie de le donner, ou que nous le faisons sous la pression d'une raison quelconque dans le but de recevoir autre chose en échange : la philosophie de la transaction ne correspond pas à un don mais à un troc. Nous attendons de notre cadeau qu'il nous procure des avantages. Nous attendons l'avantage en question et, quand celui-ci ne se manifeste pas, nous en éprouvons de l'amertume. Nous sommes en colère contre nous-mêmes pour avoir fait ce cadeau, et nous sommes en colère contre son destinataire, pour ne pas avoir « remboursé ». L'effet attendu ne s'est pas produit, tout au moins pas au niveau de nos attentes, et nous sommes pleins de ressentiment. Nous aimerions reprendre notre cadeau.

La rancœur ne peut surgir que quand nous ne nous occupons pas convenablement de nous-mêmes. Rappelez-vous l'image de la bonbonnière. Si nous préparons des montagnes de bonbons pour les autres et jamais un seul pour nous-mêmes, nous éprouvons de la rancœur quand les autres mangent nos bonbons. Nous serions parfaitement en paix si nous commencions par subvenir à nos propres besoins. Avant de faire un cadeau à quiconque, commencez par vous en faire un à vous-même. Occupez-vous d'abord de vos propres besoins, et les cadeaux que vous ferez aux autres ne seront pas gâchés par de vaines attentes de votre part.

Après le remords, la rancœur est probablement le sentiment le plus destructeur. C'est le cancer de l'esprit; il est presque impossible d'aimer ou d'apprécier la compagnie d'une personne qui entretient des rancœurs. C'est le contraire de la responsabilité. Quand on héberge de la rancœur, on voudrait que l'autre sache ce dont nous avons besoin, qu'il agisse en fonction de nos besoins et qu'il s'occupe de nous. Et quand l'autre ne fait rien de tout cela ou qu'il ne peut pas le faire, l'amertume s'installe pour faire retomber la faute sur l'autre.

La rancœur, c'est la maladie du drogué. Tout ce que nous avons et tout ce dont nous avons besoin a été transféré sur des tiers. Nous ne sommes plus responsables de la façon dont nous gérons nos sentiments. C'est quelqu'un d'autre qui s'en charge. Nous sommes devenus des martyrs car nous ne cessons de donner aux autres, mais eux ne nous donnent rien. Le drogué attend de l'extérieur quelque chose qui l'apaise et le satisfasse. Il se sent le droit de se mettre en colère si sa piqûre salvatrice se fait attendre. Il se sent le droit d'accuser le monde entier de ses problèmes. Il est un authentique égocentrique. Quand nous éprouvons de la rancœur, nous nous comportons comme des drogués. Nous refusons d'endosser la responsabilité de nos actes. Les dons que nous faisons aux autres nous coûtent trop cher : ils sont souillés par toutes sortes de conditions, et nous exigeons un cadeau bien plus important en retour.

Si vous diagnostiquez de la rancœur en vous, commencez par vous concentrer sur ce dont vous avez besoin, plutôt que sur ce que vous donnez. Occupez-vous de vous. Les autres ne savent pas ce dont vous avez besoin, et ils ne vous le fournissent pas, d'accord : ce n'est pas une raison pour vous mettre en colère contre eux; tâchez de vous calmer. Et puis cessez de prendre les autres en charge. Cessez d'être un codépendant. Faites-vous aider. Voyez votre rancœur comme un cancer qui vous ronge. Pourquoi choisir de garder ce cancer, alors que vous pouvez vous en débarrasser ? Préparez-vous mentalement à faire ce qu'il faut pour vous débarrasser de vos ressentiments. Il vous faudra essayer de nouveaux comportements, il faudra surtout vous occuper de vous-même. Si vous aviez le cancer, c'est ce que vous feriez; eh bien, ce n'est que de la rancœur : retroussez-vous les manches car cette pathologie vous dévore l'âme et vous empêche d'acquérir l'estime de vous-même. Est-ce là une situation enviable ?

50

Pourquoi ai-je l'impression de ne rien comprendre ?

Parce que le moment est venu pour vous d'apprendre quelque chose de nouveau : félicitations ! Si vous ne comprenez plus rien à rien, c'est que le modèle occidental ne fonctionne plus pour vous. Il ne répond plus à ce que vous attendez d'un modèle de vie. Cela signifie que vous souffrez d'une carence fondamentale dans votre vie, et que le fait de réagir à des stimuli extérieurs ne vous comblera jamais. Si vous ne comprenez rien à rien, c'est que tout ce qu'on vous a appris ne répond plus à vos questions profondes, instinctives, viscérales. Vous voilà donc mûr pour accueillir des concepts neufs. Le sentiment de désarroi est normal chez un être humain, imparfait par définition. C'est un préalable sine qua non au changement. Comment changer si tout est évident à nos yeux ? Nous ne pouvons changer que lorsque nous sommes mal à l'aise, quand nous souffrons ou que nous nous sentons perplexes.

Accueillez votre égarement. Sachez que l'aube d'une ère nouvelle se lève pour vous. Vous êtes plongé dans l'incertitude; vous êtes donc à même de prendre des risques et d'envisager des solutions qui ne vous sont pas familières. Bref, vous êtes mûr pour changer. Le modèle occidental nous enseigne qu'il est important d'être toujours maîtres de notre environnement, même des choses que nous ne saurions maîtriser. Si nous nous sentons perdus, c'est que nous ne sommes plus à l'aise dans le cadre de ce modèle. Cela nous prépare aux risques du changement. Si nous étions dans un état de plénitude béate, nous n'éprouverions nulle envie de changer.

Pensez à ce que peut être la panique d'un nourrisson projeté dans un monde qu'il ne comprend pas et avec lequel il n'a pas encore appris à échanger. Que fait le nourrisson ? Il essaie tout et n'importe quoi – chaque décision est nouvelle – pour explorer son environnement, se faire une idée de ce qui l'entoure, et prendre le risque de la communication. Et ça marche ! Le bébé apprend à communiquer, à se débrouiller, à faire ce qu'il faut pour satisfaire ses besoins. Peu importe notre âge, nous sommes tous des bébés quand nous nous mettons pour la première fois en quête de l'estime de nous-mêmes.

Si vous vous sentez vraiment perdu, prenez tous les risques. Essayez tout ce qui a une chance de marcher. Si vous vous fourvoyez, essayez autre chose. En fin de compte, vous parviendrez à la conclusion incontournable : rien d'extérieur à vous-même ne saurait vous satisfaire. Vous découvrirez que tous les chemins mènent à Rome, et Rome, en l'occurrence, c'est le centre de vous-même. Si vous désirez apprendre à ne plus vous sentir perdu, étudiez le concept de paradoxe. Acceptez-vous tel que vous êtes, égaré, perdu, perplexe; autorisez-vous à nager dans l'incertitude. Dès que vous aurez fait ce pas, les choses commenceront à s'éclaircir. Réjouissez-vous au fond de l'abîme, car l'abîme est le point de départ de votre changement. Dès que vous commencerez à vous réjouir, vos yeux commenceront à se dessiller. Cherchez les réponses en vous et vous acquerrez la certitude que les réponses sont là. Goûtez votre perplexité. Détachez-vous de l'idée selon laquelle vous pouvez la maîtriser. Dès que vous

vous détacherez, vous vous sentirez plus sûr de vous : le paradoxe se confirme. L'égarement est un état positif : cela signifie que vous êtes un être humain, que vous ne connaissez pas toutes les réponses et que ce n'est pas un problème. Celui qui est perdu ne peut croire qu'il est parfait. Celui qui est perdu ne peut être victime de son moi faible. L'état d'égarement est semblable à l'état de grâce : quand vous renoncez à lutter contre vous-même, que vous acceptez le fait que vous ne savez pas, et le fait que vous n'êtes pas tout-puissant, vous êtes plus près de Dieu que quand vous croyez tout savoir.

51

Il m'arrive de penser n'importe quoi : suis-je fou ?

Nous sommes, d'une façon ou d'une autre, tous plus ou moins fous : c'est humain. Ne parlons pas de folie, parlons plutôt de créativité. La créativité consiste à être hors norme, à ne pas rentrer dans le moule, à ne pas se conformer au modèle occidental. Nous savons tous qu'un authentique génie voit le monde de façon différente, d'une façon « folle ». Les psychologues, les psychiatres et les autorités médicales ne définissent pas la folie en termes de pensée, mais en termes de comportement. Nous pouvons avoir des pensées folles mais, si nous ne les mettons pas à exécution, si nous ne les laissons pas conduire notre vie, nous ne serons probablement pas considérés comme cliniquement fous. J'en veux pour exemple le cas d'un individu interné dans un hôpital psychiatrique. Son psychologue lui avait conseillé de commencer toujours par les mots « j'ai rêvé que... » quand il parlait de ce qui lui traversait l'esprit; le malheureux fut rapidement libéré. Il est parfaitement admis d'avoir des rêves fous, à condition que nous ne les prenions pas pour la réalité. De même avec nos pensées. Nous sommes responsables de nos actes, ce sont eux que nous pouvons maîtriser.

Nul ne sait où commence au juste la folie; nous savons que la norme est souvent définie comme un juste milieu; si nous pensons et agissons comme tout le monde, personne ne nous traitera de fous. De même, l'intelligence supérieure est souvent taxée de folie, car elle s'écarte des limites fixées par la norme.

Je ne veux pas dire que la vraie maladie mentale, pathologique, n'existe pas; je suis bien consciente du contraire. Ce type de pathologie est défini par l'incapacité à s'intégrer et à se comporter de façon acceptable. La pathologie existe aussi, c'est évident, même quand l'entourage n'en a pas conscience. Nous avons déjà exposé les dangers qu'il y a à être trop attentif à l'opinion des autres, au point de ne plus écouter la voix de son propre soi. Mais il y a un équilibre à trouver entre l'écoute exclusive des autres et le manque absolu d'écoute des autres. Ces deux excès aboutissent tous les deux à une forme de folie; celui qui n'écoute que les autres est un malade que l'on appelle un codépendant; celui qui n'écoute jamais qui que ce soit est soit un psychotique soit un narcisse. La différence entre la psychose et la névrose (deux maladies de la personnalité) n'est qu'une question de degré, suivant la façon dont l'individu est capable de se comporter en société. Si nous sommes capables de bien nous comporter à certains égards (par exemple au travail) mais pas à d'autres (par exemple dans nos relations amoureuses), on considérera que nous souffrons de troubles de la personnalité. Si nous ne pouvons nous comporter de façon supportable à aucun point de vue, à cause d'une maladie grave comme la paranoïa ou la schizophrénie, nous serons placés dans la catégorie des psychotiques. Si nous ne possédons aucune énergie pour agir, on dira que nous souffrons de déficience mentale. Si nous nous comportons de façon brillante, mais différente, on nous traitera d'excentriques ou de génies. La société possède des étiquettes pour tout ce qui sort de la norme; même le terme de « normal » est une étiquette.

Tôt ou tard, nous avons tous des pensées folles. Reconnaissons simplement que nos pensées sont comme nos sentiments, nous n'en sommes pas les maîtres. Mais ce que nous faisons de ces pensées, la façon dont nous les concrétisons ou pas, cela dépend de nous. N'ayons pas peur de nos pensées folles, certaines sont peut-être géniales; d'autres sont peut-être tout simplement folles. Certaines peuvent avoir été provoquées par la fièvre, ou des états de conscience parallèles. Nous ne sommes pas tenus d'agir de quelque façon que ce soit parce que telle ou telle pensée nous a traversé l'esprit. Si nous décidons d'agir à la suite d'une pensée, sachons que nous sommes responsables de nos actes. Penser à quelque chose ne signifie pas que cette chose va se produire ou que nous devons nous sentir obligés de la provoquer. Il n'est pas non plus nécessaire que nous nous penchions avec attention sur chacune de nos pensées. Ce qui demande notre attention consciente, c'est la façon dont nous nous comportons. Il est parfaitement admissible d'avoir des pensées folles, à condition qu'elles restent ce qu'elles sont : de simples pensées folles. En revanche, il est inadmissible d'avoir des comportements fous. Nous sommes responsables de ce que nous décidons de faire, de chacun de nos actes. L'estime de soi consiste à agir avec amour vis-à-vis de nous-mêmes et vis-à-vis des autres.

52

Pourquoi suis-je si critique ?

Parce que vous vous sentez en état d'insécurité. Il est impossible d'accepter les autres avec leurs faiblesses et leurs erreurs si l'on ne commence pas par s'accepter soi-même. Moins on se sent sûr de soi, plus on cherche à en imputer la faute aux autres. C'est une façon de se trouver des excuses : on se justifie en critiquant les autres. C'est un peu comme si l'on disait : « Je ne suis pas si mauvais : regardez-le, lui, il est pire ! »

Le modèle occidental a besoin de comparer les gens entre eux, et de juger tout et tous. Cela fait partie du sens de la concurrence que l'on nous inculque comme moyen de parvenir à la réussite. Nous avons appris à mesurer notre succès en comparant ce que nous avons à ce qu'ont les autres. Souvent, nous critiquons autrui pour tenter de nous rassurer quant à nous-mêmes. Il est plus facile de juger les autres en mettant l'accent sur leurs imperfections et leurs faiblesses que de scruter sans préjugé nos propres comportements. D'ailleurs, tout le monde le fait : critiquer son prochain est une façon très courante, voire intéressante, de communiquer avec autrui. Dites : « Vous ne savez pas ce qu'il vient de faire ? » et tout votre auditoire est suspendu à vos lèvres. Tous les ragots ne sont-ils pas faits, dans une plus ou moins grande mesure, de critiques et de jugements ?

Juger les autres tend à nous rassurer, car il est plus agréable de mettre l'accent sur les fautes des autres plutôt que sur les nôtres. Cela diminue donc notre insécurité; seulement voilà, c'est un remède à très court terme. Si nous déballons tous les points faibles de quelqu'un dans son dos, qu'est-ce que les autres peuvent bien dire de nous en notre absence ? Dès que nous admettons le fait que nous ne sommes pas à l'abri des jugements et des critiques, notre insécurité redouble, nos défenses psychologiques se relèvent et nous revoilà plus critiques encore. Et le cercle se fait plus vicieux, nous sombrons dans une insécurité pire que la précédente et notre moi faible régente notre existence.

Juger les gens, dire du mal d'eux, dénigrer, colporter des ragots, comparer et se montrer négatif constituent autant d'ingrédients du découragement. Personne n'aime à s'attarder en compagnie de gens découragés; a contrario, le fait de nous dénigrer nous-mêmes, de nous comparer aux autres de façon défavorable, de les mettre sur un piédestal pour nous ridiculiser représente une autre façon de juger, mais en nous posant cette fois en victimes, cibles des critiques et en butte à un dramatique sentiment d'insécurité. Nous devenons décourageants même à nos propres yeux. Le découragement, de soi-même ou des autres, est une des attitudes les plus destructrices que l'on puisse adopter. Nul ne saurait réaliser son potentiel quand il est plongé dans le découragement.

Jugement et critique sont étroitement liés aux vaines attentes. En général nous critiquons quand nous attendons quelque chose qui ne se concrétise pas. Une attitude typique est la suivante : nous voulons que les gens fassent des choses pour nous, qu'ils s'occupent de nous ou qu'ils se montrent à la hauteur de nos exigences; et quand ils nous déçoivent ou ne comblent pas nos attentes, nous nous sentons autorisés à les critiquer : après tout, ils n'ont pas fait ce qu'ils étaient « censés » faire. Arrêtez-vous un instant sur ce processus : en vérité, qui juge ? Qui fixe les normes ? Qui s'arroge la certitude de percevoir les choses correctement ? Juger les autres implique de les comparer à quelque chose, et qui a le droit de savoir ce qu'est ce « quelque chose » transcendant ? Quand nous critiquons ou jugeons autrui, ne regardons-nous pas le monde d'un œil égocentrique ? N'imposons-nous pas implicitement aux autres nos normes, nos convictions ou nos échecs ? Tout jugement, toute critique de nous-mêmes ou des autres, se réfère à une exigence de perfection. Une fois que nous renonçons à celle-ci, une fois que nous acceptons que nul ne peut être parfait, nous n'éprouvons plus le besoin de cultiver cette néfaste et décourageante habitude. Nous pouvons accepter les autres et les laisser être tels qu'ils sont. Et devenir encourageants.

53
Pourquoi suis-je si possessif ?

C'est une autre façon d'extérioriser notre sentiment d'insécurité, que notre possessivité concerne des personnes ou des objets. Cela prouve que nous tentons de satisfaire nos besoins par des sources extérieures. Nous sommes possessifs quand nous ne sommes pas sûrs de nous et que nous avons besoin des autres – ou d'objets matériels – pour nous convaincre de notre valeur. Le modèle occidental nous a enseigné que notre valeur est déterminée par ce que nous possédons. Nous avons appris à mettre l'accent sur nos possessions extérieures plutôt que sur nos conquêtes intérieures. Nous devenons possessifs en amour quand nous ne savons pas nous aimer nous-mêmes. Nous devenons des collectionneurs d'objets quand nous ne sommes pas convaincus de pouvoir nous suffire à nous-mêmes.

Aucune chose extérieure à nous ne nous appartient; elle peut être à notre disposition pendant un certain temps, mais nous ne sommes pas destinés à la garder. Quand nous sommes possessifs, nous essayons souvent de garder ces choses, en nous accrochant à elles. Paradoxe : cette avarice aboutit fréquemment à perdre l'objet de notre attachement. Ceux qui ont eu le malheur d'être aimés par quelqu'un de possessif savent combien ses exigences peuvent se montrer destructrices. La possessivité engendre la jalousie et la jalousie tranche les racines mêmes de l'amour. Il est très difficile de se comporter de façon aimante et encourageante vis-à-vis d'une personne soi-disant aimée que l'on a peur de perdre.

L'amour possessif n'est pas de l'amour véritable; il vaut mieux dire que c'est un véritable besoin. Notre comportement est très différent selon qu'on aime vraiment quelqu'un ou qu'on a seulement besoin de lui. Quand nous sommes possessifs, nous tâchons de résister au changement. Nous essayons de garder les choses en l'état et, ce faisant, nous faisons de la vie une réalité artificielle. Nous consacrons notre temps et notre énergie à nous faire aimer, et non plus à aimer. La possessivité est un handicap affectif car elle équivaut à utiliser une béquille extérieure pour se prouver sa valeur à soi-même. Ceux envers qui nous nous montrons possessifs nous possèdent. Cela devient tôt ou tard trop lourd à porter, et nous cessons de nous aimer nous-mêmes. Ainsi, nous ne nous contentons pas de détruire l'objet de notre possessivité, mais nous nous détruisons nous-mêmes au passage.

La seule façon d'en finir avec la possessivité, pour votre bien et celui des autres, c'est de subvenir à vos propres besoins d'amour et d'estime. Essayez de vous accorder à vous-même ce que vous attendez d'autrui. Imaginez-vous sans rien à l'extérieur et concentrez votre attention sur ce qui est en vous. Cela peut sembler terrifiant si tout ce qui fait votre valeur se trouve en dehors de vous. Mais sachez que vous possédez, au plus profond de vous-même, tout ce dont vous avez besoin. Cessez de regarder le monde avec des yeux égocentriques. Vous n'êtes le centre de rien du tout si ce n'est de vous-même. Quel que soit le montant de ce que vous possédez extérieurement, vous n'avez rien si vous ne pouvez pas vous aimer. Devenez possessif de votre temps et de votre énergie; devenez sainement égoïste. Tâchez de faire pour vous-même ce que vous attendiez que les autres fassent pour vous. La prochaine fois que vous vous sentirez possessif vis-à-vis de quelqu'un, que vous aurez envie que l'on vous rassure, essayez de faire cela pour vous-même.

Laissez les gens et les choses que vous aimez être eux-mêmes. N'attendez pas d'eux qu'ils comblent vos besoins. Il y a là un paradoxe merveilleux : moins vous serez possessif, plus on vous aimera. Moins vous aurez besoin des autres, plus ils auront envie de votre compagnie. Les gens solides, bien campés sur leur estime d'eux-mêmes, n'ont ni le temps ni l'énergie de se montrer possessifs. Ils sont trop occupés et bien trop satisfaits pour confier à quiconque la satisfaction de leurs besoins; ils ont accepté une fois pour toutes le fait que les autres n'ont nulle envie de s'occuper d'eux. Souvenez-vous : vous ne pouvez pas être possessif et posséder l'estime de vous-même. La possessivité relève du besoin; l'estime de soi relève de l'amour et des choix. La possessivité est une prison; l'estime de soi est la liberté. Laquelle des deux choisissez-vous ?

54
Pourquoi est-ce que je pleure si souvent ? (Ou jamais ?)

Ces deux questions semblent contradictoires mais, comme beaucoup d'extrêmes, elles découlent de la même cause. Trop pleurer ou être incapable de pleurer dénote un manque de confiance en soi : nous essayons de maîtriser nos sentiments. On nous a éduqués à ne faire confiance ni à nos sentiments ni à nous-mêmes; on nous a inculqué qu'il nous fallait maîtriser ces sentiments. Nous avons grandi convaincus qu'il ne fallait pas s'abandonner à ses sentiments, que c'est un signe de faiblesse. Nous pleurons trop quand nous nous croyons incapables de nous occuper de nous-mêmes. Nous ne pleurons jamais quand nous avons peur des larmes. Dans les deux cas, nous avons peur de ne pas pouvoir nous maîtriser.

Si nous pleurons tout le temps, c'est probablement que nous avons fini par perdre de vue la cause initiale de notre tristesse. Nous avons jeté l'éponge, abandonné la partie : nous nous sentons perdus et désespérés. Nous sommes terrifiés à l'idée de rester prisonniers de la tristesse de la vie. Si nous ne pleurons pas, c'est également que nous avons peur : peur de perdre la maîtrise de nous-mêmes et de nous montrer impuissants. Le prix de cette répression, c'est la perte de contact avec nos sentiments; et si nous ne sentons plus rien, nous ne sommes plus véritablement vivants. Ni les larmes incessantes ni l'absence totale de larmes ne correspondent à la réalité. Le fait de pleurer quand on est triste ou ému, ou très heureux, est un comportement tout naturel, comme se moucher lorsque l'on a un rhume. Grâce à un processus naturel, les rhumes guérissent tout seuls. Les larmes aussi, si nous laissons la nature agir à son rythme.

Le stoïque et le pleurnichard sont tombés chacun dans une ornière de la même route qui mène à la catastrophe : ils ne croient ni l'un ni l'autre à l'action bienfaisante de la nature. Tous les deux usent et abusent en permanence de la même réaction, de la même défense, de la même façon de vivre toutes les situations : ils s'exténuent à fuir la réalité de la vie. Les deux réactions sont peut-être efficaces à court terme; les gens se précipitent pour consoler le pleurnichard, et ils félicitent le stoïque pour sa maîtrise de soi. Mais ces deux types de comportement se révèlent lassants à la longue; on dira au pleurnichard de se remettre, et l'on fuira le stoïque avec lequel nul ne peut établir de relation profonde.

Que faire ? Cessez de haïr les larmes : aussi bien leur excès que leur absence. Accordez-vous sans réserve la permission de pleurer ou de ne pas le faire. Constatez que votre éducation était conforme à un modèle défectueux mais ne condamnez pas le modèle. Essayez de ne pas vous faire de reproches. En vous accordant la permission de faire quelque chose que vous faisiez déjà de toute façon, vous entrez dans un processus d'acceptation. Et il se produit alors, en général, un phénomène intéressant : il vous arrive d'adopter le comportement opposé. Si vous vous donnez la permission de pleurer alors que vous êtes en larmes, vous commencez instantanément à être plus maître de vous. Vous vous autorisez à pleurer, vous n'avez donc plus de remords à propos de ce comportement. La même chose est vraie si vous vous donnez la permission de ne pas pleurer : dès que vous vous donnez la permission de faire la chose que vous étiez précisément en train de faire, donnez-vous également la permission de faire le contraire. Dites-vous : « Je m'arrêterai de pleurer quand j'en ressentirai le besoin » ou « je pleurerai quand j'en ressentirai le besoin. » Cela semble fou et bien trop simpliste mais ça marche souvent.

Quand vous détestez un de vos comportements, vous risquez de devenir son prisonnier. La même chose est vraie si vous avez peur de ce comportement. Séparez sentiment et comportement. Acceptez le sentiment, concentrez vos décisions sur le comportement. Pleurer est un comportement. Les larmes sont une réaction naturelle à vos sentiments, elles font partie d'un processus naturel : elles finiront par se calmer. Si vous pleurez trop ou jamais, cela veut dire que vous vous êtes immiscé dans ce processus naturel. Faites-vous confiance, faites confiance à la nature. Acceptez le sentiment qui provoque vos larmes. Accordez-vous la permission de sentir ce sentiment et de réagir par des pleurs. Prenez soin de vous, soyez certain que vos larmes finiront par sécher. Les larmes ne sont pas synonyme de faiblesse : elles confirment seulement le fait que vous êtes un être humain.

55

Pourquoi est-ce que je n'arrive jamais à me défendre ?

La peur de s'affirmer, de faire valoir ses droits remonte directement à notre éducation : on apprend aux enfants à être « gentils », à se tenir « tranquilles ». On ne leur apprend pas à s'aimer eux-mêmes, on leur enseigne à consacrer leur temps et leur énergie à complaire aux gens de façon à se faire aimer. On leur fait croire que les gens se vexeront et les mettront à l'écart s'ils expriment des opinions opposées à celles de leurs interlocuteurs. C'est le dernier qui parle qui a raison : il est plus facile d'acquiescer et de faire taire ses droits, ses choix et ses sentiments plutôt que de risquer de se faire abandonner. On les convainc de faire « comme tout le monde » : alors on les aimera, alors tout le monde prendra soin d'eux. Paradoxe : ces béni-oui-oui sont en général très mal supportés par leur entourage. On ne se laisse pas prendre longtemps à leurs apparences mielleuses et l'on se demande bientôt si ces étranges légumes font partie de l'espèce humaine. Les personnes qui ne disent jamais ce qu'elles veulent sont fatigantes à fréquenter car personne ne sait vraiment ce qu'elles veulent, ce qu'elles sentent ni ce dont elles ont besoin. Le résultat est en général contraire à celui que l'on recherche : l'abandon, affectif ou physique.

C'est bien à cela que mène le refus de s'affirmer. Cela signifie que l'on ne se sent pas digne d'être au monde ni de défendre ses opinions, ses pensées, ses sentiments ni ses droits. S'affirmer, c'est avant tout s'exprimer et dire qui l'on est; cela n'équivaut pas à jouer des coudes et à faire preuve d'agressivité. L'agressif est un anxieux, au même titre que le soumis. Ce n'est pas un hasard si ces deux extrêmes s'attirent. L'égocentrisme de l'agressif saute aux yeux, mais ne pouvons-nous pas le voir également chez le soumis ? Le soumis délègue à ses proches le soin de l'aimer; il abdique sa capacité à s'aimer lui-même et attend des autres de recevoir de l'amour en échange de sa « gentillesse ». Il essaie de s'entourer de nombreux amis qui assumeront les responsabilités de sa propre vie qu'il refuse de prendre en charge. Le soumis est un égocentrique, il manipule les autres avec ses façons doucereuses pour qu'ils pourvoient à ses besoins. Le souci principal du soumis est d'avoir l'air gentil, bien plus que de se colleter avec les réalités de l'existence. Il commence par vous manipuler gentiment, vous prodigue de petites attentions afin d'obtenir des avantages en retour et finit jaloux, amer, aigri.

Il ne faut pas confondre gentillesse et bonté. La passivité, l'approbation du bout des lèvres, le fait de donner son accord alors que, profondément, l'on n'est pas d'accord, tout cela coûte cher; en effet, ces petites tricheries mondaines sont dangereuses : elles nous coupent de la réalité, elles nous empêchent d'être nous-mêmes et de développer tout notre potentiel. Elles empêchent les autres de nous faire confiance et d'établir avec nous des relations sincères. Le fait de ne pas s'affirmer conduit à la rancœur : rancœur vis-à-vis de nous-mêmes, dont les besoins ne sont pas satisfaits, et rancœur de la part des autres, qui sont obligés de s'occuper de nous. Etre toujours gentil, c'est se montrer parfois faux : ce n'est pas réel. Cela crée un cercle vicieux de comportements négatifs, c'est compliqué et, en fin de compte, destructeur.

Au diable la gentillesse ! Dites ce que vous pensez et ressentez vraiment. Le monde ne va pas s'écrouler si vous vous exprimez en vérité. Paradoxe : il est bien plus simple d'être réel, ouvert et sincère que d'être ce que nous croyons que les gens voudraient que nous soyons. Souvenez-vous que les autres ont le droit de choisir, et qu'ils ne sont pas forcés d'être d'accord avec vous. Laissez-leur cette liberté, défendez vos positions et permettez aux autres de faire de même. Cela conduit à un style de vie plus simple et plus sain. Même si vous déployez des prodiges de gentillesse, tout le monde ne vous aimera pas. C'est sans importance à condition que vous vous aimiez vous-même. Au moins, les gens qui vous aiment aimeront et connaîtront ce que vous êtes vraiment : c'est la seule partie de vous qui vaille d'être connue. Affirmez-vous, défendez-vous. C'est vous qui êtes là ici et maintenant, dans la réalité de l'instant présent. Que le monde le sache !

56
Pourquoi est-ce que je n'arrive pas à dire « non » ?

Cette question est manifestement liée à la précédente, où nous parlions de s'affirmer. Les gens qui peuvent difficilement dire « non » ne savent pas ce qu'ils veulent ou ce qu'ils ne veulent pas. Souvent, ces gens pensent que « non » est un gros mot, qui fait le vide autour de ceux qui le prononcent. Quand on est capable de dire clairement « non » et d'agir en conséquence, c'est que l'on a du respect pour soi-même. C'est que l'on est capable de subvenir à ses propres besoins. Si l'on est incapable de dire souvent « non », cela signifie que l'on ne sait pas ce que l'on ne veut pas, et que l'on ne sait pas non plus ce que l'on veut. Ce n'est pas par hasard que les gens trop « gentils » finissent aigris, perplexes et exploités, sans savoir exactement comment ils en sont arrivés là.

Ce n'est pas un hasard si les gens qui ne disent jamais « non » se retrouvent avec d'autres gens qui leur disent rarement « oui ». Ces deux opposés s'attirent irrésistiblement pour former des couples maudits. Quand l'on n'est pas capable de dire « non », cela veut dire que l'on n'a pas confiance en soi-même : on ne croit vraiment avoir ni droits ni besoins. Cela signifie que l'on s'occupe davantage des désirs et des besoins de l'autre que des siens propres.

Les gens incapables de dire « non » essaient en vain de se mettre à la place des autres; ils s'exténuent à trouver tous les moyens de s'occuper d'autrui et, pour cela, ils doivent s'exténuer à comprendre ce qui motive l'autre. Bref, ils tentent passivement de forcer l'autre à s'occuper d'eux. Cela ressemble à de la manipulation, et c'en est bel et bien. En ne répondant jamais « non » aux exigences et aux besoins de quiconque, ils s'attendent en retour à ce que les autres ne disent jamais « non » à leurs propres besoins et exigences. Pire, en se comportant ainsi, ils attendent des autres qu'ils se mettent à leur place, et qu'ils sachent ce qu'ils veulent et ce dont ils ont besoin, même quand ils ne le savent pas eux-mêmes ! Le cœur du problème, c'est que nul ne peut se mettre à la place d'un autre; dans la tête de chacun, il n'y a de la place que pour une personne : et c'est la personne à qui appartient cette tête-là. Chaque fois que vous vous épuisez à vous mettre à la place de quelqu'un d'autre, vous n'êtes pas à la vôtre. Vous ne prenez pas soin de vous-même. Et donc vous ne pouvez pas savoir ce que vous voulez ni ce dont vous avez besoin.

Mettez-vous à votre propre place, et restez-y. Quand vous sentez que vous ne voulez pas faire ce que l'on vous demande, refusez. N'acceptez de rendre un service qu'à une condition : que vous soyez sûr de faire un vrai cadeau, clair, net et sans condition. Cela signifie que vous voulez vraiment faire ce que l'on vous demande ou ce que l'on attend de vous, et que vous n'attendez rien, rigoureusement rien, en échange. Est-ce que cela semble égoïste ? Parfaitement : c'est égoïste. Est-ce que cela semble égocentrique ? Seulement dans le cas où vous exigez des autres qu'ils fassent tout pour vous alors que vous refusez de faire quoi que ce soit pour les autres

Les gens incapables de dire « non » sont en général les plus gentils du monde, ils font tout pour être bons. Ils ont tendance à confondre les mots « bon » et « gentil ». Ils ont le désir sincère de se rendre utiles et ils ne comprennent pas pourquoi leur système engendre tant de colère et de rancœur. De nouveau, la faute en incombe à une éducation défectueuse. Il y a ici un autre paradoxe : les gens incapables de dire « non » ne sont en général pas respectés par les autres. On finit par penser que leur serviabilité va de soi, on les traite comme des victimes ou, au mieux, commes des gens peu importants. Au contraire, on a tendance à éprouver du respect pour quelqu'un qui vous dit « non »; quand la même personne vous dira « oui » une autre fois, ce « oui » sera davantage apprécié car l'on saura alors qu'il est sincère.

Entraînez-vous à dire « non ». Le monde ne va pas s'écrouler pour autant. Exprimez clairement ce que vous ressentez. Cela simplifiera votre vie et celle des autres. Vous serez surpris de constater combien les gens respectent un « non » clair et net; et vous vous sentirez mieux vis-à-vis de vous-même si vous êtes dans la vérité et que vous prenez soin de vous-même. Chacun y gagnera.

57

Comment en finir avec l'alcoolisme ? La drogue ? La boulimie ? Le don juanisme ou la nymphomanie ? La violence envers les autres et envers moi-même?

Tous ces excès comportent une relation de dépendance. Nous nous livrons à des excès pour remédier à notre mal de vivre et nous soulager momentanément; nous essayons de nous sentir plus forts, plus maîtres de nous, tout en échappant à la réalité de nos existences. Comme ces excès nous donnent le sentiment de notre maîtrise, comme ils nourrissent notre illusion d'échapper un moment à la réalité, nous avons tendance à réitérer l'expérience. Mais les excès engendrent toujours des remords, et le remords nous plonge dans un cercle vicieux. C'est comme le serpent qui se mord la queue, dont nous parlions dans une question précédente à propos du remords. Nous faisons quelque chose dont nous savons pertinemment que c'est mal ou mauvais, nous en éprouvons des remords et ce sentiment de remords est une panacée. Tout d'abord, nous ne sommes pas mécontents de nous sentir coupables : cela veut dire qu'au fond, nous ne sommes pas si mauvais; en effet, on nous a appris que les « méchants » n'éprouvent pas de remords. Mais avec le temps, notre sentiment de culpabilité augmente et le remords nous ronge de façon insupportable. Nous partons alors à la recherche de causes extérieures pour justifier notre conduite. Nous disons par exemple : « Je n'aurais jamais fait cela si un tel ne m'avait pas fait ça », « C'est elle qui me l'a fait faire » ou encore « Ils ne comprennent rien à mon cas. » Bref, toutes ces ratiocinations et faux prétextes deviennent bientôt si convaincants et notre comportement se trouve justifié de façon si éclatante que nous récidivons : et c'est parti pour un nouveau tour du cercle vicieux : dépendance – remords – justifications – dépendance accrue, etc. Et la boucle est bouclée.

Tous les excès, y compris la violence envers soi-même et envers les autres, ont un point commun : ils proviennent d'un sentiment d'insécurité intérieure. Ils sont tous des manières d'extérioriser notre manque d'amour pour nous-mêmes. Nous ne saurions à la fois nous aimer et nous maltraiter. Nous ne saurions à la fois aimer les autres et les maltraiter ou nous maltraiter nous-mêmes. Toutes les violences, toutes les dépendances sont d'abord et avant tout égocentriques. Elles révèlent que la personne ne perçoit le monde extérieur qu'à la lumière de ses propres besoins insatisfaits. Cela veut dire que son insécurité, son moi faible, sont devenus si exigeants qu'ils en viennent à dicter de façon aveugle ses comportements.

Les interventions les plus efficaces pour remédier aux écarts dangereux de comportement consistent à remplacer le comportement destructeur par un autre comportement, constructif celui-là. Autrement dit, on remplace une « mauvaise » drogue par une « bonne ». Les alcooliques remplacent l'alcool par des réunions d'Alcooliques Anonymes; les drogués remplacent leurs drogues par un programme en douze étapes. De même pour la boulimie, la nymphomanie, le donjuanisme et les autres formes d'excès. Ces comportements destructeurs sont remplacés par un comportement constructif. Le programme de désintoxication en douze étapes est efficace car il remplit le vide qui se crée quand l'on décide de renoncer à la drogue; ce programme fournit aux drogués un autre pôle sur lequel focaliser leur attention, il leur ouvre un local où venir passer leur temps et dépenser leur énergie.

Il y a une autre chose que le groupe de soutien apporte, une chose plus importante encore que de remplacer la drogue. Le groupe procure un environnement encourageant, indispensable pour éviter le découragement dont est nourrie la dépendance. Ces programmes en douze étapes sont devenus des modèles de la façon dont on doit s'y prendre pour sortir d'une habitude destructrice. Ils prennent les gens là où ils en sont – des êtres humains en proie à la souffrance – et ils ne leur demandent pas d'être parfaits. Ils insistent même sur le fait que nul ne peut être parfait et que l'on doit se tourner, avec ses défauts et ses dépendances, vers une puissance supérieure. Il n'est pas nécessaire d'être fort pour se débarrasser d'une dépendance. Il n'est pas nécessaire de devenir d'abord parfait. Ces programmes de désintoxication en douze étapes sont remarquables pour apprendre l'estime de soi. Les groupes de soutien de ces programmes constituent une psychothérapie très efficace. Ils parviennent, si vous y adhérez, à vous sortir de la dépendance et des excès qui vous détruisent. En vous acceptant tel que vous êtes, le groupe vous montre comment vous accepter vous-même. En vous encourageant à donner le meilleur de vous-même, le groupe de soutien devient pour vous une source de motivation pour développer l'amour de soi.

58
On m'a maltraité pendant mon enfance : pourquoi continué-je à me faire du tort ?

La plupart d'entre nous ont été victimes de violences affectives. Beaucoup trop ont même été victimes de violences physiques, voire sexuelles. On pourrait croire qu'ayant été maltraités par autrui, nous allons tout faire pour ne pas nous maltraiter nous-mêmes. Dans la réalité, c'est exactement le contraire qui se produit. Les enfants victimes de violence tendent à devenir des adultes violents. Cela montre l'influence déterminante de notre éducation sur notre personnalité. On nous enseigne à ne pas nous accorder de valeur, à ne pas prendre soin de nos propres besoins. A cette première école, nous sommes des élèves zélés; nous avons tendance à nous conformer au rôle écrit pour nous; ce rôle prescrit que nous ne sommes pas dignes d'être bien traités, que nous sommes « méchants » et qu'il faut nous punir. Les violences précoces dont nous avons été victimes nous dépouillent du respect élémentaire de notre personnalité et nous empêchent de reconnaître le caractère foncièrement bon de notre caractère. Elles nous enfoncent dans le crâne qu'il y a en nous quelque chose d'abominable dont nous devons avoir peur. La violence nous apprend à ne pas nous faire confiance, elle nous enseigne que nous ne méritons pas d'être en sécurité, ni aimés. La violence tue notre élan vital et étouffe notre propension à prendre des risques. Elle nous apprend à réprimer nos propres sentiments, et à manipuler ceux des autres pour subvenir à nos besoins. La violence est un professeur abominable; le scénario de la violence met en scène des acteurs qui sont tous perdants et s'entraînent mutuellement dans un cercle vicieux et dangereux. Eh bien, ce professeur peut être bâillonné, ce scénario peut être jeté : il y a une issue à ce cercle vicieux.

Pour en sortir, il faut commencer par prendre conscience d'une chose : ce n'est pas vous qui avez écrit ce scénario, vous n'êtes donc pas tenu de vous y conformer. Ce n'est pas de votre faute si vous avez été éduqué de la sorte et vous n'êtes pas responsable des violences que vous avez subies. Vous ne les méritiez pas. Elles échappaient à votre maîtrise. Vous êtes totalement innocent. Même si vous étiez un enfant « insupportable », vous ne méritiez pas d'être maltraité; aucun être humain ne mérite ça. La question de savoir qui avait tort ne se pose même pas : c'est votre agresseur qui avait tort, de A à Z. Vous devez accepter le fait que vous êtes une victime, que vous n'avez rien à cacher et qu'il n'y a rien là de honteux. Vous n'avez pas à vous pardonner quelque chose qui n'était pas de votre faute. Oubliez tous remords : ce n'est pas vous qu'ils doivent ronger. Répétez-vous encore et encore : « Ce n'était pas de ma faute ! » jusqu'à ce que vous soyez parfaitement convaincu. Cette première étape est vitale.

Deuxième étape du scénario : reconnaître que vous êtes bon. Peu importe ce que vous avez fait ou ce que l'on vous a fait : vous êtes bon. Votre nature est bonne, c'est inné.

Vous êtes venu au monde avec et vous quitterez celui-ci avec, sauf si vous persistez à la nier et à la contredire avec des actes erronés. Répétez-vous encore et encore : « Je suis bon » jusqu'à ce que vous sentiez cette évidence vous pénétrer. Vous saurez d'instinct lorsque votre certitude sera totale. Vous deviendrez conscient du fait que votre nature est foncièrement bonne et cette certitude est puissamment dynamisante.

Une fois que vous aurez franchi ces deux étapes, vous serez prêt à vous soigner. Le processus de guérison commence souvent par une explosion de colère contre votre agresseur. Cette colère est bonne et saine, il ne faut pas l'escamoter. Il est naturel d'être en colère : regardez un peu tout ce que vous avez perdu dans cette affaire ! Peut-être éprouverez-vous le besoin de vous faire assister d'un psychologue pour utiliser cette colère de façon constructive. Il faut que vous la tourniez vers l'extérieur et non pas vers vous-même; mais il n'est pas nécessaire que vous l'exprimiez personnellement à votre agresseur. Il n'est pas nécessaire que vous exprimiez cette colère dans des comportements violents, ce qui vous rejetterait dans un cercle vicieux négatif. Après la colère survient le pardon : vous serez à même de comprendre que votre tortionnaire était lui-même prisonnier d'un cercle vicieux destructeur. Une fois que vous aurez pardonné, vous pourrez lâcher prise.

La dernière étape consiste à vous libérer de tout programme. Vous êtes responsable de votre vie, responsable de vos comportements. Si vous continuez vos violences contre vous-même ou contre les autres, c'est à présent de votre faute car vous savez que vous avez le choix. Jusqu'à aujourd'hui, vous étiez pris dans un schéma que vous n'aviez pas mis sur pied. Mais maintenant vous savez :

dorénavant, vous êtes libre de vos décisions. Vous n'avez pas – et vous n'aurez jamais – de bonnes raisons pour vous maltraiter; vous n'avez pas – et vous n'aurez jamais – de bonnes raisons pour vous punir ou vous comporter de façon destructrice. Vous pouvez vous aimer, accepter vos mauvais côtés, vous pardonner vos erreurs, vous défaire de votre douloureux passé et prendre la vie à bras-le-corps pour réaliser tout votre potentiel. Si vous décidez de persister à vous faire du tort et à vous comporter de façon destructrice, reconnaissez honnêtement que c'est votre choix, et non pas la conséquence de votre triste éducation. Votre enfant intérieur est à présent votre victime. Cet enfant mérite d'être aimé, d'être traité avec délicatesse, d'être gardé en sécurité. Vous êtes le seul qui puissiez compenser les manques de votre passé. Quel but plus beau pourriez-vous vous fixer dans la vie ?

59

J'en fais tant et rien ne marche : pourquoi ?

C'est la question souvent posée par des « gagneurs », hyperactifs et perfectionnistes. Ces gens sont obsédés par l'action, ils ne peuvent comprendre pourquoi ils se sentent aussi fatigués et dépassés. Quand l'on ressent cela, il faut se demander : « Je fais cela pour qui, pour quoi ? » Les réponses seront très probablement : « Pour les autres; pour obtenir des récompenses extérieures; pour mon moi faible ». Le modèle activiste occidental est tout entier tourné vers l'action mais agir n'est pas être. Ce sont deux choses totalement distinctes. Agir n'est pas être et agir plus vite ne conduit pas davantage à être.

Le modèle ontologique ne dépend pas de l'agir. D'accord, il y a des choses que nous pouvons faire afin d'apprendre l'estime de nous-mêmes. Nous pouvons nous dire de nous aimer nous-mêmes, nous pouvons faire des choix et nous récompenser. Ce sont effectivement des actions; elles peuvent nous faire du bien, mais elles ne dépendent pas de l'être. Souvenez-vous : nous n'avons rien à faire de spécial pour être bien, pour être comme il faut. Le fait de s'accepter soi-même, tel que l'on est dans l'instant présent, ne consiste pas à faire quelque chose de particulier : c'est être. Au contraire, la prise de conscience de notre personnalité intime requiert que nous cessions toute activité.

La différence entre agir et être peut être l'un des concepts les plus difficiles à saisir. On nous a appris à faire, faire, faire; on a toujours focalisé notre attention sur l'activité, la réussite, la productivité. On nous a appris à apprécier les comportements actifs et à dénigrer ceux qui sont passifs. Quand nous voyons quelqu'un adopter un comportement facile, nous qualifions souvent cet individu de paresseux, voire de fainéant. Avoir l'air actif, cela équivaut à avoir les choses en main, à être productif; notre éthique du travail récompense ces attitudes roboratives. Hélas, on n'apprend pas l'estime de soi par l'activité; on n'apprend pas à être en agissant. Nous ne pouvons pas faire de l'estime de nous-mêmes, nous devons être en harmonie avec cette estime de nous-mêmes.

Le concept de paradoxe vient ici à notre secours. Si nous voulons quelque chose, il faut nous en détacher. Il faut faire moins pour obtenir davantage. Il faut ralentir pour atteindre plus vite notre but. Faire quoi que ce soit tend à nous polariser sur un résultat : nous redevenons obnubilés par un but. Nous replongeons dans le modèle occidental. Faire quoi que ce soit nous projette rapidement dans l'avenir : et cela nous arrache à l'instant présent et à nous-mêmes.

•

Si vous en faites trop, si vous travaillez trop dur et vous sentez fatigué en permanence, arrêtez-vous. Arrêtez-vous net ! Détendez-vous, prenez trois inspirations profondes et levez le pied. Recentrez-vous : la priorité des priorités, c'est vous. Dormez davantage, méditez, faites des exercices de relaxation, asseyez-vous un moment et soyez. Le monde ne va pas s'écrouler si vous vous consacrez un peu plus de temps. Il vous faut peut-être revoir un peu vos priorités, décider de réduire vos revenus, choisir une vie plus équilibrée et vous priver de quelques « jouets ». C'est votre vie, c'est votre choix. Si vous vivez à cent à l'heure, trop fatigué pour goûter quoi que ce soit, qu'avez-vous à perdre ?

Un autre paradoxe intéressant, c'est que nous en faisons davantage quand nous sommes plus calmes. Nous nous sentons plus maîtres de nous quand nous sommes reposés et la vie est plus drôle quand nous vivons l'instant présent. Etre ne signifie pas que nous ne faisons plus rien; être ne signifie pas que nous nous retirons dans une grotte ou une tour d'ivoire. Etre signifie que c'est nous qui choisissons ce que nous faisons et que nous le faisons bien. Cela signifie que nous nous occupons de nous et que nous nous accordons des périodes de « convalescence psychologique » pour récupérer nos énergies que nous consacrons à satisfaire nos propres besoins. Du coup, nous disposons d'une force accrue que nous pouvons, librement, décider de consacrer à servir les autres. Ainsi, nous faisons tantôt des choses que nous voulons vraiment faire, tantôt des choses qui nous plaisent beaucoup moins, mais en sachant pourquoi nous les faisons. Etre, c'est le contraire d'être piégé. Dans le modèle occidental, celui qui gagne la course, c'est celui qui meurt avec le plus de jouets. La vie est bien autre chose, et l'on peut toujours trouver le temps de satisfaire ses véritables besoins.

60

Qu'est-ce que je suis en train de rater ?

Quand nous nous posons cette question, c'est que quelque chose ne tourne pas rond. Nous nous sentons vides, incomplets, inachevés et peu sûrs de nous. Cette question précède la prise de conscience du fait que le modèle activiste – prôné par notre éducation – ne suffit pas. Cette question signifie souvent que nous souffrons, ne savons que faire. Nous sommes prêts à changer et à nous développer.

La vie est difficile, douloureuse et pleine de problèmes. Nous avons en nous la capacité de vivre avec les souffrances et les problèmes, de nous sentir pleins de paix et de joie, et bien intégrés. Quand nous sommes bien enracinés en nous-mêmes, que nous possédons l'estime de nous-mêmes, nous voyons de combien de miracles la vie est faite. Mais quand nous vivons sous la tyrannie du moi faible, nous ne sentons que la souffrance et les problèmes nous accablent. Nous avons le droit – et le choix – d'être acceptés, de nous sentir aimés et de réaliser notre potentiel; mais nous ne pouvons demander à la vie (les choses extérieures à nous-mêmes) de nous apporter tout cela sur un plateau. Nous devons y mettre du nôtre afin de nous procurer ce qui nous manque.

La plupart des gens tendent justement à concentrer leurs effor[illegible] sur les choses qu'ils sont in[illegible]capables de maîtriser [illegible]r : tout ce [illegible] est [illegible]térieur, [illegible] problèmes, la souffrance. Il leur faut apprendre à se recentrer sur ce qu'ils peuvent maîtriser et changer. Quand vous avez l'impression de passer à côté des bonnes choses de la vie, cela vous blesse; vous en concevez généralement du ressentiment, et vous tendez à chercher en dehors de vous-même la satisfaction de vos besoins.

Apprenez à vous recentrer sur ce que vous pouvez faire par vous-même, détachez-vous de ce besoin d'attendre tout des autres. Commencez par accepter le fait que vous passez à côté de certaines choses. Recentrez-vous sur votre capacité à prendre soin de vous-même. Au lieu de mettre l'accent sur vos problèmes, mettez-le sur vos capacités à les résoudre. Vous êtes un spécialiste de la résolution des problèmes. Votre passé regorge d'innombrables problèmes que vous avez résolus. Vos problèmes d'aujourd'hui, vous les résoudrez, d'une façon ou d'une autre. Choisissez la manière dont vous voulez les résoudre et faites de votre mieux. Récompensez-vous pour vos efforts, même si vous n'obtenez pas exactement ce que vous désiriez. Ne vous laissez pas hypnotiser par les souffrances de la vie, observez plutôt ce que la souffrance peut vous enseigner. Rappelez-vous que la douleur fait partie de la vie et qu'elle est utile à bien des égards. C'est elle qui nous ouvre les portes du changement. C'est elle qui met votre estime de vous-même à l'épreuve et vous conduit à une conscience plus précise de ce que vous êtes. La douleur est un extraordinaire professeur, si vous vous ouvrez à ses enseignements.

Quand vous avez l'impression de passer à côté de quelque chose, demandez-vous si vous êtes capable de subvenir à vos besoins. Si vous vous sentez mal aimé, appliquez-vous à vous aimer. Si vous souffrez de n'être pas récompensé ni reconnu pour ce que vous êtes, récompensez-vous, reconnaissez votre valeur. Si vous vous sentez décentré, si la paix intérieure vous fuit, commencez par accepter le stade auquel vous êtes parvenu, entraînez-vous à ralentir votre rythme; prenez soin de vous-même, aimez-vous. Faites pour vous-même ce que vous espéreriez que les autres fassent pour vous. Dites-vous les mots que vous aimeriez entendre dans la bouche des autres. Arrêtez de vous tourmenter pour devenir heureux ou satisfait, contentez-vous de vouloir devenir conscient. Quand vous convoitez désespérément quelque chose, cette chose vous fuit souvent. C'est encore un paradoxe : quand vous acceptez d'être là où vous êtes et d'avoir ce que vous avez, vous obtenez souvent ce que vous voulez.

Vous avez tout ce qu'il faut pour prendre soin de vous-même tel que vous êtes dans l'instant présent. S'il vous manque quelque chose pour vous percevoir positivement, remédiez-y et obtenez ce dont vous avez besoin. S'il vous manque quelque chose qui dépend des autres ou de facteurs extérieurs, changez vos priorités et renoncez à diriger vos efforts sur ce que vous ne pouvez pas maîtriser. En définitive, vous n'obtiendrez jamais de l'extérieur ce dont vous avez vraiment besoin. Comblez-vous vous-même et vous n'aurez plus l'impression qu'il vous manque quoi que ce soit dans votre vie.

61

Pourquoi ce sentiment de n'être ni ici ni nulle part ?

Il y a des gens qui apprennent à être peu sûrs d'eux-mêmes, ce sont des déprimés chroniques, des codépendants; il y en a d'autres qui concentrent toutes leurs énergies sur l'acquisition de choses extérieures : ils gâchent tous des années de leur vie sans être conscients ni d'eux-mêmes ni de leur relation avec leur environnement. Pour ce genre de personnes, c'est un symptôme très courant que de se percevoir comme ne faisant partie de rien; ils ne se sentent d'appartenance à rien, c'est même tout juste s'ils sentent qu'ils existent. En refusant de s'occuper de soi, de se mettre à la première place et de savoir ce que l'on veut et où l'on est, on « gomme » littéralement son existence. Le sentiment de n'être ni ici ni ailleurs reflète de façon fidèle ce qu'il est advenu de notre estime de nous-mêmes. A force d'être décentrés, nous perdons de vue ce qu'est le centre de notre personnalité; à force de ne pas être conscients de notre place dans le monde, nous perdons la conscience de l'existence du monde.

C'est un sentiment terrifiant que de vivre sans se sentir engagé ni concerné par ce qui se passe. On pourrait décrire ce sentiment comme un égarement psychologique. La solution est la même que lorque l'on est physiquement perdu : on demande son chemin, on cherche quelqu'un qui puisse nous guider jusqu'en terrain connu, on reçoit des indications qu'il faut suivre. Puis l'on agit : on quitte l'endroit où l'on s'était perdu pour se rendre dans un endroit connu. Dans ces situations où vous êtes psychologiquement perdu, vous serez peut-être contraint de vous rendre dans un endroit qui vous est inconnu : le centre de vous-même. Dans ce cas, vous ne pouvez pas vous retrouver vous-même si vous persistez à rechercher un environnement qui vous est familier. C'est souvent cela qui vous fait vivre dans le passé : là où vous étiez avant de vous sentir perdu. Peut-être aussi tentez-vous de revenir au dernier endroit connu, celui où vous étiez juste avant de vous perdre. Mais l'on ne peut revenir dans le passé, on ne peut le reconstituer; si vous parvenez à revenir en terrain connu, vous ne tarderez pas à vous apercevoir qu'il a changé et que le fait d'y revenir n'efface pas votre impression d'être perdu. Il n'y a qu'un remède : vous redécouvrir vous-même au centre de vous-même.

Tous les chemins mènent au centre et ce centre, vous pouvez le trouver où que vous soyez. Une fois que vous l'aurez trouvé vous n'aurez plus jamais peur d'encore vous perdre psychologiquement. Vous saurez que vous pourrez vous sentir concerné et engagé où que vous soyez, car vous le sentirez au-dedans de vous. Suivez les étapes suggérées pour développer votre estime de vous-même. Focalisez vos efforts sur la vie intérieure. Ne cédez pas à la panique, procédez avec lenteur et vous vous familiariserez vite avec ce processus de découverte, cette quête de ce que vous êtes en vérité. Plus vous prendrez l'habitude de l'estime de vous-même, plus vous vous sentirez sûr de vous pour devenir vous-même. Mieux vous vous sentirez centré, plus vous aurez conscience de votre présence et de votre place dans le monde. Vous commencerez à savoir où vous êtes en permanence, et vous aurez un parfait sentiment d'intégration même dans un cadre inconnu. Votre moi intérieur deviendra pour vous un « foyer » confortable et familier.

62
Pourquoi ai-je parfois le désir de mourir ?

Tout le monde ou presque songe, à un moment ou à un autre, à la mort comme remède à la souffrance ou aux réalités de l'existence. Nous souhaitons mourir quand nous avons le sentiment d'avoir perdu la maîtrise de nous-mêmes, ou quand nous avons abandonné cette maîtrise (dépression). Quelquefois, nous pouvons avoir le désir de mourir pour punir ceux contre lesquels nous en avons, ou pour leur faire de la peine (vengeance). Il y a des moments où nos sentiments négatifs nous accablent et où tout nous semble désespéré. Nous ne voyons comment sortir de tout ce négatif, nous nous disons que la mort est peut-être la seule issue. Le désir de mort est le comble du découragement. C'est précisément le contraire de l'amour de soi.

Parfois, la mort semble une solution de facilité; et c'est vrai : c'est probablement une solution de facilité. Cela ne demande pas de courage pour l'adopter; le courage consisterait à emprunter un chemin difficile, et à le parcourir alors même que nous ne comprenons pas, que nous ne voulons pas. Le héros accepte la souffrance, accepte de ne pouvoir y remédier et fait de son mieux en dépit de tout.

Le désir de mort signifie souvent un désir de maîtriser quelque chose qui ne dépend pas de nous. Nous ne savons pas quelles sont nos raisons de vivre, nous ignorons pourquoi nous sommes là. Nous ne pouvons avoir aucune vision d'ensemble, nous ne comprenons pas la façon dont nos vies affectent et influencent celles des autres. Le fait de mourir avant que notre heure ne soit venue équivaut à rechercher un raccourci; mais quand on prend un raccourci, il arrive souvent que l'on se perde et que l'on mette, en définitive, plus longtemps à arriver à destination. Le suicide est peut-être le pari le plus dangereux qui soit car nous ne savons pas quelle est l'étape suivante. La mort est une fin mais est-ce la fin de la souffrance ? De même que nous nous emportons nous-mêmes partout où nous allons, de même que nous transportons avec nous nos problèmes non résolus où que nous nous rendions, de même il est possible que nous emportions avec nous, au-delà de la mort, tout notre négatif et toutes nos souffrances quand nous choisissons le suicide.

Le désir de mourir et le fait de focaliser nos énergies vitales sur la mort nous donnent une illusion de puissance et de maîtrise sur des choses qui nous échappent totalement. Nous savons que les illusions nous empêchent de vivre pleinement. Aspirer à la mort est une façon d'échapper à la vie, de concentrer notre énergie sur des éléments extérieurs à nous-mêmes.

La mort n'a rien de négatif tant que nous n'essayons pas de la maîtriser. La mort fait partie du processus naturel de la vie; se préparer à la mort consiste à vivre notre vie pleinement ici et maintenant. D'une certaine façon, toute notre vie n'est qu'une répétition pour nous préparer à la mort. Si nous vivons de façon noble, aimante et dynamique, la mort, quand elle surviendra, ne sera pas difficile. Paradoxe : plus nous essayons de vivre notre vie de façon épanouissante, plus nous ressemblons au héros que chacun de nous essaie de devenir et moins la mort nous fera peur. Si nous développons notre force et notre courage dans le cadre de la vie présente, nous emporterons ces vertus avec nous au moment de mourir. Si nous acceptons les souffrances présentes, nous nous préparons à accepter tout ce qui surviendra dans l'avenir, quel qu'il soit. Nous ne pouvons savoir quel est le but de notre vie, pourquoi donc ne pas nous préparer à toute éventualité ?

Si nous nous sentons vraiment découragés et que nous sommes tentés par la sortie facile qu'est le suicide, cherchons des encouragements. On en trouve, et vous méritez de mourir au meilleur endroit possible pour vous. Vous méritez de mourir avec grâce et dignité, sans peur de l'inconnu. Et vous ne pouvez le faire que si vous vous détachez de toute illusion de maîtrise. Le vrai courage consiste à être incertain, effrayé et dépassé par la compréhension du cosmos, tout en continuant à vivre en dépit de tout. Une tâche héroïque s'offre à vous : vivre votre vie ; vous pouvez être un héros aux yeux de la seule personne qui vous accompagnera toute votre vie : vous-même.

63
Pourquoi ai-je tellement honte de demander de l'aide ?

Un des grands paradoxes de notre époque consiste dans le fait que la véritable faiblesse passe pour de la force et vice-versa. Cela est particulièrement vrai en ce qui concerne les demandes d'aide. Il faut beaucoup de courage pour reconnaître que l'on ignore quelque chose, que l'on a peur ou que l'on est perdu. On nous a éduqués à croire qu'il nous faut savoir et que c'est mal d'avoir peur. On nous a inculqué que le fait de montrer ses sentiments est une forme de faiblesse. « Les hommes ne pleurent pas; les femmes ne se mettent pas en colère; les enfants n'ont pas droit à la parole. » Nous sommes censés être forts, maîtres de nous et invincibles. Nous sommes censés nous hisser au-dessus de notre nature humaine. Pourquoi ? Toutes les réponses à ce pourquoi se trouvent dans le moi faible. Nous voulons paraître bons aux yeux des autres. Nous voulons avoir l'air de ce que nous ne sommes pas; nous voulons tromper notre monde. Le problème, c'est que, en trompant notre monde, nous nous trompons nous-mêmes. Nous perdons de vue ce que nous sommes et ce que nous voulons en vérité. Il serait bien plus simple d'être ce que nous sommes, de ressentir ce que nous ressentons et de ne pas avoir peur de nous montrer faibles à l'occasion. Paradoxalement, c'est quand nous reconnaissons nos faiblesses que nous faisons preuve de force, et c'est lorsque nous nions nos faiblesses que nous les étalons au grand jour.

Nul ne peut être parfait; tout le monde a besoin d'aide de temps à autre. Le fait de ne pas reconnaître cette évidence est une illusion dangereuse. La douloureuse réalité, c'est que nous sommes, en définitive, seuls, et que c'est à nous qu'incombe la responsabilité de nous changer; cela, ce n'est pas une illusion. Mais il nous faut des guides pour nous mettre sur le chemin, nous soutenir et parfois nous encourager à rester sur la bonne voie, la voie qui mène au centre de nous-mêmes. Ce n'est pas une faiblesse d'avouer que nous ne pouvons pas faire cela tout seuls. Ce n'est pas une faiblesse que de demander de l'aide. Il peut être utile de nous représenter nos guides comme des agents de la circulation : ils nous montrent où aller, où nous arrêter, quand redémarrer en toute sécurité; mais ils ne peuvent pas nous prendre sur leurs épaules pour nous déposer à destination. Ils nous aident à éviter de nous engager dans des impasses, ils nous donnent des instructions quand nous sommes perdus.

Si vous éprouvez le besoin de vous faire aider mais que vous craignez de vous faire taxer de faiblesse si vous faites la démarche, demandez-vous qui vous trouvera faible. Si vous craignez l'opinion que le psychologue aura de vous, réfléchissez : tous les psychologues ont besoin de clients, ce sont leurs clients qui leur donnent une raison de travailler, les clients font partie de la force du psychologue. Le fait d'aider des clients justifie le métier de psychologue; chaque client apporte quelque chose à son psychologue. Si vous vous inquiétez de l'opinion des autres, rappelez-vous que vous ne pouvez maîtriser ce que pensent ou ressentent les autres; vous n'êtes responsable que de vous-même. Les autres peuvent penser ce qu'ils veulent, ils ne peuvent pas vivre votre vie à votre place. C'est à vous qu'il incombe de prendre soin de vous-même, laissez-leur le soin de s'occuper d'eux-mêmes. Si vous redoutez de vous sentir faible en demandant de l'aide, faites le meilleur accueil à ce sentiment : c'est le premier pas dans votre luttre contre le moi faible. Reconnaissez que vous vous sentez faible, et demandez quand même. Vous ferez ainsi preuve de courage. Le héros ne se sent pas fort en permanence; les moments de grand courage s'accompagnent souvent de sentiments de faiblesse et d'inadaptation. Souvenez-vous : la faiblesse n'est pas un sentiment. C'est un état d'esprit que l'on vous a inculqué et c'est le modèle dans lequel on vous a élevé qui est faible; il n'est pas conçu pour conduire à l'équilibre ou à l'estime de soi, il n'apporte pas une méthode positive pour aborder la vie.

64

Pourquoi est-ce que je me sens si différent des autres ?

Le modèle occidental, activiste, nous a appris à être compétitif. Notre éducation et notre instruction nous ont enseigné à insister sur ce qui nous démarque des autres. On nous a appris à attacher de l'importance aux rôles, aux façades, au statut social, à l'argent, aux vêtements, aux diplômes – bref, aux signes extérieurs de succès – des autres et à les comparer avec les nôtres; tous ces éléments extérieurs nous permettent, vis-à-vis de chaque personne, de nous sentir soit inférieurs soit supérieurs. Tant que nous avons recours à ce modèle pour y conformer notre existence, nous observons tout le monde d'un œil critique : notre œil qui juge n'observe que les différences qui nous démarquent d'autrui. Quand nous avons pris l'habitude de regarder le monde de cette façon pendant des années, nous perdons de vue les ressemblances qui nous rapprochent des autres; nous ne pouvons plus voir la nature commune que nous partageons. Le fait de focaliser notre attention sur les différences et non sur les ressemblances nous conduit tout droit à perdre notre sentiment d'intégration. Sans intégration, nous nous sentons vraiment perdus, seuls et malheureux.

Ce que les autres aiment en nous, ce à quoi ils se réfèrent pour communiquer avec nous, ce ne sont pas nos caractéristiques individuelles uniques, nos différences;

paradoxe : ce sont nos ressemblances. En qualité d'êtres humains, nous partageons avec nos frères notre façon de sentir et de réagir, notre capacité de comprendre les autres et d'éprouver de la compassion pour eux. Notre parenté est issue de cette conscience commune. Peut-être ne réagissons-nous pas de la même façon que quelqu'un d'autre à un événement donné mais nous reconnaissons tout de suite l'identité de sentiment. Nous sommes uniques dans la façon dont nous nous comportons, mais non pas dans la façon dont nous ressentons les choses. Chacun de nous sait ce qu'est la souffrance même si chacun a des raisons très particulières de souffrir. Nous nous sentons différents des autres quand nous ne parvenons pas à reconnaître le bien-fondé de la souffrance d'autrui. Le fait de nier, d'ignorer ou tout bonnement de ne pas percevoir l'importance des autres, aboutit à l'égocentrisme. En nous percevant nous-mêmes comme différents, nous sommes incapables de communiquer sur ce substrat humain que nous avons tous en commun. Cela signifie que nous sommes incapables de voir que tous les hommes luttent pour donner un sens à ce monde fou et devenir ainsi des héros. Le fait de se sentir différent et de concentrer son attention sur ces différences aboutit à la solitude. La plupart d'entre nous se tournent vers les autres pour remédier à leur solitude. Avoir besoin des autres pour être remis d'aplomb : c'est une bonne définition de l'égocentrisme. Nous avons besoin des autres, mais nous ne leur accordons pas de valeur à cause de leurs différences. Nous construisons nous-mêmes le piège de la solitude qui se referme sur nous; nous disons : « J'ai besoin de toi mais tu ne peux pas m'aider car tu es différent de moi; par conséquent, tu ne peux en aucun cas me comprendre, parce que tu n'as pas fait ce que j'ai fait. » Ce qui vous rend unique, c'est votre expérience: persone n'a vécu exactement la même chose que vous; personne ne s'est comporté exactement comme vous. Donc, à ce niveau, vous êtes effectivement différent de tout le monde. Mais à un autre niveau, plus élevé, vous souffrez de la même vulnérabilité, vous partagez les mêmes sentiments que les autres; c'est cela que signifie être semblable: partager son humanité.

La psychothérapie de groupe est un outil très puissant car elle nous permet de constater rapidement nos ressemblances, et de les partager. Les choses qui nous font réagir sont peut-être différentes, mais le fait que nous réagissions est commun. Nous ne pouvons pas entièrement communiquer notre expérience, mais nous pouvons exprimer les sentiments qu'elle a provoqués en nous. Par exemple, personne n'a le même conjoint que moi, mais tout le monde peut comprendre la colère que je ressens vis-à-vis de mon conjoint, car tout le monde a éprouvé un jour ou l'autre des sentiments semblables vis-à-vis d'un membre de sa famille. Personne ne fait exactement les mêmes erreurs que j'ai faites jusqu'aujourd'hui, mais tout le monde connaît la sensation d'avoir fait des erreurs. Nous pouvons partager notre découragement, et nos besoins d'être encouragés. Nous pouvons partager nos déceptions dans notre lutte pour être le meilleur possible. Nous sommes semblables par nos bons côtés et par notre besoin de nous épanouir au mieux. Nous sommes semblables par la difficulté que nous éprouvons à trouver un sens à la vie. Nous nous ressemblons par la façon dont nous nous attachons aux gens, par la façon dont nous voudrions faire du bien autour de nous et par notre perplexité quant à la manière de nous y prendre. Nous nous ressemblons dans nos déceptions, nos égarements et nos luttes. Le fait de reconnaître ces ressemblances crée un sentiment d'appartenance qui favorise le processus d'acquisition de l'estime de soi. Le sentiment d'intégration, le fait de reconnaître nos ressemblances et le fait de communiquer avec autrui sont autant de raisons pour développer notre intégration sociale. Ce concept fait l'objet du chapitre suivant.

IV

QUESTIONS RELATIONNELLES

65

Qu'est-ce que l'intégration sociale ?

Le concept de « social interest » (intégration sociale) a été inventé par Alfred Adler; il caractérise, en gros, les façons dont nous entrons en relation avec autrui. Il procède de l'estime de soi, qui caractérise la relation que l'on a avec soi-même. L'intégration sociale découle naturellement de l'estime de soi, car le besoin de communiquer avec les autres, de créer des liens avec eux, est un besoin humain. Ce n'est pas un hasard si le présent chapitre fait suite à celui qui traite du développement de l'estime de soi. Cet ordre est nécessaire : il est fondamental d'apprendre l'estime de soi, et de concentrer ensuite ses efforts sur les questions de relations sociales. Le modèle occidental ne nous enseigne pas à nous aimer nous-mêmes en premier, il saute directement à l'amour des autres. Nous ne saurions aimer un tiers si nous ne savons comment nous aimer nous-mêmes. Et nous ne saurions recevoir l'amour des autres si nous ne nous jugeons pas dignes d'être aimés. A partir du moment où nous nous aimons nous-mêmes et savons que nous méritons d'être aimés, l'intégration sociale s'acquiert de façon naturelle. Nous nous comportons tout simplement vis-à-vis des autres comme nous avons appris à nous comporter vis-à-vis de nous-mêmes. Nous les acceptons, nous les soutenons, nous les encourageons, nous leur pardonnons, nous nous abstenons de les juger et nous nous en détachons quand c'est nécessaire. Nous ne pouvons en aucune façon agir ainsi envers les autres tant que nous n'avons pas l'habitude de le faire vis-à-vis de nous-mêmes.

Pour acquérir l'intégration sociale – c'est-à-dire avoir des relations saines avec autrui – nous devons commencer par subvenir à nos propres besoins. Les bonnes relations avec les autres, claires et nettes, ne sauraient s'embarrasser d'exigences névrotiques, d'illusions et de vaines attentes. L'intégration sociale ne consiste pas à faire satisfaire nos besoins par les autres, elle n'a rien à voir avec les relations de dépendance et de domination. L'intégration sociale concerne notre intérêt pour nos semblables, la façon dont nous les acceptons et dont nous les encourageons. Nous aimons les autres, nous échangeons avec eux, nous les soutenons et les comprenons tels qu'ils sont, sans chercher à les changer ni à nous ingérer dans les décisions qui leur reviennent.

Le fait de s'engager au service des autres constitue un de nos défis suprêmes. Nos relations avec eux sont également source de certaines de nos joies les plus pures. Beaucoup préféreraient renoncer à l'estime d'eux-mêmes pour devenir des ermites. Notre préférence est d'acquérir l'estime de nous-mêmes et de vivre au milieu des autres. A priori, cela semble une tâche herculéenne car il nous faut répondre aux questions suivantes : quand dois-je m'occuper de moi-même, et quand dois-je m'occuper des autres ? Quand peut-on donner de soi-même sans se vider ? Quand pouvons-nous recevoir des autres sans dépendre d'eux ? A quoi ressemblent des relations amoureuses saines ? Quand devons-nous nous montrer persévérants, et quand devons-nous faire preuve de détachement ? Comment cultiver l'estime de soi quand personne autour de nous n'a choisi de le faire, ni ne se rend même compte de ce que cela signifie ? J'espère que le lecteur trouvera dans les pages qui suivent les réponses à ces questions délicates.

66

Qu'est-ce qu'une relation interpersonnelle harmonieuse ?

Une façon de représenter la nature des relations (notamment amoureuses) entre les êtres humains consiste à imaginer une ligne droite :

Narcissique -------	Saine -----	Codépendante
(Toujours prendre)		(Toujours donner)

Une relation « saine » se situe vers le milieu de cette droite, avec une marge de déplacement vers l'une ou l'autre extrémité. Dans le cadre de relations saines, nul n'atteint jamais aucune extrémité et nul ne reste figé dans un état donné bien longtemps. Nous savons tous ce qu'est une personne narcissique : c'est un individu incapable de donner quoi que ce soit, et qui attend des autres qu'ils lui donnent tout. Il représente le comble de l'égocentrisme; en général, il n'a pas l'intention de travailler, il préfère manipuler les autres pour que ceux-ci travaillent à sa place. Le codépendant est exactement le contraire : ce concept sera défini dans la question suivante. Le graphique montre que les relations saines existent quelque part entre le trop donner et le trop prendre.

Des relations saines comportent également un respect et une gentillesse mutuels, vis-à-vis de soi-même et vis-à-vis de l'autre. Respect et gentillesse sont probablement les deux qualités qui comptent le plus pour qu'une relation soit durable. Ces qualités peuvent être – et sont souvent – plus indispensables que l'amour lui-même. Si l'amour est synonyme de respect et de gentillesse, alors l'amour est fondamental. Cependant, ce que nous appelons amour n'est en fait trop souvent qu'un état de besoin aigu et, de surcroît, nous traitons souvent « ceux que nous aimons » sans respect ni gentillesse. Si ce que nous appelons amour n'est en vérité qu'un ensemble d'exigences grimé aux apparences de l'amour, cela ne risque pas de conduire à des relations saines. Un couple équilibré se nourrit aussi de confiance, d'acceptation, de communication, d'affection spontanée pour l'autre et de bonne volonté pour accepter à l'occasion de faire des compromis. Il faut reconnaître l'autre en tant qu'entité en soi, avec ses propres besoins, ses propres valeurs et ses propres choix. Il y a en chacun de nous des choses distinctes de l'autre et distinctes de la relation amoureuse. Et cela est également vrai pour l'autre conjoint. Les époux heureux ne sont pas en permanence agglutinés l'un à l'autre, ils ne sont pas d'accord sur tout et ne se disent pas toujours tout. Si c'était le cas, de telles unions deviendraient rapidement étouffantes et ennuyeuses.

Une raison importante pour établir des relations est le défi que celles-ci représentent pour nous permettre de croître et de nous développer. Cette croissance et ce développement ne peuvent pas prendre place dans un environnement angoissant ou menaçant. Par conséquent, un couple équilibré fournit un environnement sain, stable et dynamisant au cœur de ce monde de fous : c'est un havre au cœur duquel nous pouvons être nous-mêmes sans fard. Nous y sommes autorisés à exprimer nos sentiments, à commettre des erreurs, à nous livrer à des expériences, à prendre des risques et à être chéris tendrement. Des relations saines ne se contentent pas de produire soutien et pitance affective, elles procurent également une stimulation, voire parfois un bon coup de pied aux fesses.

Une des difficultés des couples d'aujourd'hui, c'est qu'ils n'ont pas sous les yeux assez de modèles durables à imiter. Notre civilisation (conforme au modèle occidental) nous a inculqué que les ingrédients fondamentaux des relations amoureuses sont l'attirance sexuelle et le besoin névrotique de l'autre. Ce même modèle activiste nous a appris que le but d'un couple, c'est de faire satisfaire les besoins de chacun par son conjoint. La seule façon d'échapper à cet endoctrinement, c'est de reconnaître un fait fondamental : le premier couple que l'on peut former – et le plus important de tous – c'est celui que l'on forme avec soi-même. Toutes les autres relations amoureuses découlent de celle-là : il est impossible d'avoir avec un autre une meilleure relation qu'avec soi-même.

Personne ne peut vous aimer de la façon dont vous voulez être aimé; personne d'autre que vous ne peut subvenir à vos besoins.

67
Qu'est-ce qu'un codépendant ?

Le terme de codépendant a été créé par des éducateurs et des médecins spécialisés dans la désintoxication des alcooliques et des drogués; ils se sont aperçus que le conjoint d'un drogué est, lui aussi, malade à cause de sa proximité excessive avec le drogué et son problème. La drogue des codépendants, c'est leur rôle de tuteur; souvent, il leur est plus difficile de quitter ce rôle qu'au drogué de se débarrasser de son habitude. Une plaisanterie célèbre explique clairement ce qu'est la codépendance : sur son lit de mort, le codépendant voit en un éclair la vie de son conjoint défiler sous ses yeux.

Une autre façon de comprendre ce concept est la suivante : le codépendant s'occupe davantage des autres que de lui-même, il se préoccupe davantage de subvenir aux besoins d'autrui (tels qu'il se les imagine) qu'aux siens propres. A cette fin, il consacre un temps fou à se mettre à la place des autres pour se représenter ce dont ceux-ci ont besoin, ce qu'ils pensent, ce qu'ils ressentent et ce qu'il faut faire pour les changer. Toutes leurs énergies sont focalisées sur ce besoin de changer l'autre. Le codépendant vit dans un monde illusoire projeté dans l'avenir; « Si seulement... » devient son but dans la vie. « Si seulement mon mari/ma femme cessait de faire ce qu'il fait, la vie serait merveilleuse. Si seulement il changeait, alors je me sentirais bien. » Le malheur, c'est que même si le drogué se désintoxique, qu'il change effectivement, la vie du codépendant est toujours embourbée dans son illusion : il est incapable de fonctionner convenablement sans les comportements-stimuli qui lui donnaient une raison de vivre. Le codépendant n'a en général pas la moindre idée de la façon dont il peut se recentrer.

Ce qui est délicat, c'est que nous avons tous, peu ou prou, des tendances à la codépendance. Tous, nous aidons les autres, parfois à nos propres dépens. Il est facile de se laisser emberlificoter dans les problèmes d'autrui; on se sent bien quand on materne quelqu'un et qu'on l'aide à tenir debout. La différence entre être codépendant et être attentif aux autres, ce n'est qu'une question de degré. Il y a des moments où nous pouvons faire passer les besoins des autres avant les nôtres, des moments où nous pouvons donner beaucoup de nous-mêmes. Mais il faut que ces périodes soient brèves et que la situation ne devienne pas chronique. Il nous faut savoir jusqu'où aller, et ne jamais perdre de vue la façon dont nous pouvons prendre soin de nous-mêmes. Il nous faut rester conscients du fait que ce que nous faisons alors est un cadeau : nous le faisons pour nous-mêmes et non pas pour changer autrui. La seule exception à cette règle, c'est quand nous avons à nous occuper d'un petit enfant. Nous nous occupons de lui parce qu'il y a droit. Les enfants sont vulnérables et incapables de subvenir à leurs propres besoins : ils dépendent de nous, c'est une question de vie ou de mort. Nous ne sommes pas des codépendants quand nous prenons soin d'un bébé ou d'un petit enfant. Nous courons cependant le risque de le devenir quand l'enfant devient adolescent. Des parents avisés sentent quand le moment est venu de se détacher et de laisser l'enfant se débrouiller seul.

Si vous pensez être codépendant, si vous estimez avoir, plus que la moyenne, des tendances à la codépendance, vous ressentez sans doute beaucoup de rancœur et de colère vis-à-vis de l'autre. Vous vous sentez probablement obsédé par ce que vous vivez, et incapable de vous détacher de votre inquiétude, de votre responsabilité et de vos remords. Si vous constatez que vous vous souciez davantage de la vie de l'autre que de la vôtre, faites-vous aider. Inscrivez-vous dans un groupe de soutien, lisez des livres sur la codépendance, dénichez un éducateur ou un psychologue qui connaît la codépendance et entreprenez de vous détacher. La seule façon de cesser d'être codépendant, c'est de commencer à devenir indépendant. Entraînez-vous à focaliser sur vous-même toute l'attention que vous aviez centrée sur l'autre. Occupez-vous de vous-même en priorité. Laissez les autres prendre soin d'eux-mêmes. Si l'autre n'est pas en mesure de s'occuper de lui-même, dites-lui de s'adresser à un professionnel. Vous n'êtes qu'un amateur dans le domaine de l'assistance, remettez votre démission. S'il le faut, laissez l'autre aller son chemin. Vous n'êtes responsable ni de sa vie ni de son intoxication. La seule vie que vous puissiez vivre, c'est la vôtre.

68

Pourquoi ne puis-je connaître d'amour durable ?

Cette question est souvent posée par des personnes qui attendent désespérément quelqu'un qui les aime, qui les accepte telles qu'elles sont et qui comble leurs attentes. Ces personnes demandent l'impossible. Paradoxe : nul ne peut nous donner ce que nous ne sommes pas disposés à nous donner nous-mêmes. Si nous nous aimons, que nous nous acceptons tels que nous sommes dans l'instant présent et que nous subvenons à nos propres besoins, nous ne nous obstinons pas à chercher un amour impossible; cet amour se présente de lui-même à partir du moment où nous cessons de nous comporter comme un nécessiteux désespéré. Si nous nous aimons nous-mêmes et satisfaisons nos propres besoins, nous ne sommes pas à l'affût d'un conjoint qui nous fasse tenir debout. Nous tenons debout tout seuls. Si nous ne tenons pas debout tout seuls, nous serons attirés par des amours destructrices... et les personnes qui ont besoin de s'appuyer sur quelqu'un se sentiront attirées par nous. C'est un peu comme si nous étions des hommes-sandwiches, affublés de pancartes invisibles à nos yeux mais visibles aux yeux des autres; ces pancartes attirent ceux qui portent les mêmes. Si nous possédons l'estime de nous-mêmes, nous attirons ceux qui la possèdent également. Si nous ne nous aimons pas nous-mêmes, nous attirons ceux qui ne s'aiment pas.

Les couples heureux sont composés de gens sains. Jamais l'amour ne rendra sains des gens qui ne le sont pas. Si vous attendez de quelqu'un qu'il vous materne et vous rende heureux, les personnes que vous avez le plus de chances d'attirer sont celles qui attendent la même chose de vous; les liens qui peuvent se créer entre vous deux sont de nature malsaine; vous serez tous les deux enfermés dans un cercle vicieux destructeur, chacun essayant de faire satisfaire ses besoins par quelqu'un qui est obsédé par la nécessité de faire satisfaire les siens. Bien souvent, la seule issue est la séparation. Si vous ne prenez pas l'habitude, avant de vous lier à un conjoint, de vous occuper de vous-même, il y a des chances pour que vous répétiez indéfiniment la même triste expérience.

On ne nous a pas formés à l'amour. A de rares exceptions près, la plupart des couples que nous voyons autour de nous fonctionnent de façon bancale, et détruisent généralement les personnes qui les constituent. Nos films, nos émissions de télévision, notre musique et nos contes de fées entretiennent en nous l'illusion; nous nous attendons à ce que le conjoint idéal se présente tout à coup : nous en tomberons follement amoureux et plus rien d'autre ne comptera. Ce fantasme ressemble à une drogue : quelqu'un viendra nous arracher aux réalités de l'existence et tout ira mieux. Si nous croyons à ces légendes fantaisistes, nous nous apercevrons vite que cette brève euphorie se paie cher. Le naufrage d'un couple n'est pas anodin : il est affectivement épuisant et étouffe l'âme. Toutes les drogues, y compris les vaines amours, détruisent la personnalité. Elles nous empêchent de nous épanouir et nous détournent de la vie. Nous y gaspillons nos énergies, nous y éteignons notre créativité. Mieux vaut être seul que mal accompagné. De surcroît, la solitude n'existe pas puisque nous avons toujours des relations au moins avec nous-mêmes.

Concentrez votre attention sur cette relation-là : le seul couple dont vous avez la maîtrise, c'est celui que vous formez avec vous-même. C'est le seul qui peut vous aider à changer, le seul qui puisse vous équilibrer et vous recentrer sur l'essentiel. La seule bonne raison que l'on puisse avoir pour former un couple avec quelqu'un d'autre, c'est de vouloir se partager soi-même avec cette personne. Si vous nouez des relations amoureuses alors que vous vous sentez indigne d'être aimé, comment pouvez-vous attendre de l'autre plus que ce que vous êtes disposé à recevoir ? C'est un peu comme si vous partiez à la bataille sans armes, sans armure, sans entraînement et que vous vous attendiez à la victoire. C'est impossible ! Vous valez plus que vos amours, et vos amours ne vous procureront jamais davantage que ce que vous êtes disposé à vous accorder à vous-même.

69

Pourquoi ne puis-je tomber amoureux d'une personne qui me convienne ?

Nos relations amoureuses avec les autres reflètent souvent les relations que nous entretenons avec nous-mêmes. Si nous ne nous sentons pas en sécurité avec nous-mêmes, nous tombons amoureux de personnes qui ne nous aiment pas. Si nous ne nous sentons pas dignes d'être aimés, nous ne nous sentirons pas attirés par ceux qui nous aiment. Nous nous sentirons attirés par les personnes dont nous nous jugeons dignes. Si nous croyons mériter d'être punis (fût-ce inconsciemment), nous nous trouverons quelqu'un qui nous détruira : nos amours reflètent ce que, au fond, nous ressentons. Si nous nous sentons positifs vis-à-vis de nous-mêmes, nous créerons des liens avec une personne positive et bien dans sa peau. Si nous sommes négatifs, nos amours refléteront ce négatif. En amour, on récolte toujours ce que l'on sème.

La recherche du conjoint (adéquat) est donc un exercice parfaitement vain. Personne ne convient, sauf soi-même, à soi-même. Statistiquement, il existe des milliers de personnes avec lesquelles chacun peut être compatible. Le secret pour en trouver une, c'est d'être compatible avec soi-même. Alors, et alors seulement, de bons partis se présenteront. Finissez-en avec vos vaines attentes : à quoi ressemblera-t-il/elle ? Que fera-t-il/elle pour moi ?

Focalisez plutôt votre attention sur ce à quoi vous ressemblez, sur ce que vous êtes et sur ce que vous êtes disposé à faire pour vous-même. Cessez vos recherches. Sentez-vous bien en compagnie de vous-même. Entraînez-vous à vous sentir à l'aise dans le célibat. Il n'est jamais aussi facile d'apprendre l'estime de soi et de s'y entraîner que lorsque l'on est seul. Une fois que vous serez habitué à prendre soin de vous-même, à répondre à vos propres besoins, le défi posé par la vie de couple ne risquera plus de vous écraser. Si vous êtes incapable de prendre soin de vous-même tant que vous vivez seul, vous aurez beaucoup plus de mal à l'apprendre une fois que vous serez engagé avec quelqu'un.

La plupart des gens ne se posent la question de l'estime de soi qu'une fois installés en couple. Cependant, la pratique de l'estime de soi a beau être facilitée par le célibat, il n'est pas nécessaire de divorcer pour apprendre à subvenir à ses propres besoins. Simplement, il faut revoir ses priorités : qu'allons-nous faire pour nous-mêmes, qu'allons-nous abandonner au couple ? Ce rééquilibrage ne doit pas nécessairement aboutir à la destruction du couple. Le fait qu'un des conjoints sache s'occuper de lui-même ne peut qu'être bénéfique au couple. Celui qui sait devient un modèle pour l'autre.

Tout le monde ne va pas se mettre à vous aimer passionnément du jour où vous vous aimerez vous-même. Mais à compter de ce jour-là, vous aurez moins de mal à accepter que les gens ne vous aiment pas. Tout comme vous-même n'aimez pas tous les gens que vous connaissez, les autres ont parfaitement le droit de ne pas vous aimer. Ne perdez ni votre temps ni votre énergie avec ceux auxquels vous déplaisez. Il y a bien assez de gens autour de vous pour que vous concentriez votre attention sur ceux qui vous aiment. Et si vous sentez vraiment que personne autour de vous ne vous aime, vous vous devez bien une chose : vous aimer davantage vous-même.

Dans le couple, tout est question d'équilibre; les droits et les obligations ne sont pas de mise. Le défi et la stimulation, c'est important : pas le confort. La croissance et l'élargissement des horizons, c'est important : pas le statu quo ni l'immobilisme. Permettez à votre conjoint de changer, laissez-le libre. Les plus beaux couples sont formés de deux personnes qui savent se détacher l'une de l'autre, c'est-à-dire qui se laissent réciproquement être ce qu'elles sont. Nous pouvons nous aimer nous-mêmes sans condition, et nous pouvons nous entraîner à aimer notre conjoint sans condition. Peut-être n'atteindrons-nous jamais cet idéal, mais tous nos efforts en ce sens nous apporteront quelque chose. Si vous éprouvez le besoin d'être béatement adoré, achetez-vous un chiot. Votre conjoint ne se soucie pas de vous adorer en permanence. Renoncez à chercher le seul et unique conjoint « idéal » susceptible de vous convenir : il y a autour de vous tout un tas de gens très bien avec lesquels vous êtes susceptibles de former un couple sain. Mais d'abord, il vous faut commencer par être sain vous-même : ce n'est qu'alors que vous serez prêt à former un couple sain avec une autre personne.

70
Quel est le rôle de la sexualité dans l'amour ?

Cette question est souvent posée par des gens qui ont des relations sexuelles satisfaisantes au sein d'un couple qui bat de l'aile ou qui, a contrario, sont satisfaits de leur couple mais n'ont avec leur conjoint que peu de relations sexuelles, voire pas du tout. Peu de problèmes semblent aussi épineux que celui de la sexualité dans le couple. La sexualité et l'argent sont les deux thèmes qui divisent le plus les couples. Le modèle occidental nous enseigne que l'une des qualités majeures d'un couple, c'est l'attrait sexuel réciproque des conjoints. Comme beaucoup d'entre nous en ont fait la douloureuse expérience, ce qui nous attire vers l'autre au premier regard s'use à long terme et finit souvent par nous répugner. La compatibilité sexuelle ajoute certainement une dimension merveilleuse à la vie de couple, mais elle ne suffit pas à en assurer la pérennité.

Andrew Greeley a décrit la sexualité comme un don de Dieu, une sorte de jeu et de répétition conduisant à l'unification : elle permet de devenir un avec l'autre et en fin de compte avec Dieu. Une expérience sexuelle réussie constitue une des grandes joies de la vie, un cadeau qui nous rend heureux d'être vivants et un exutoire providentiel à toutes les tensions nerveuses et mentales. Elle nous donne l'occasion de jouer, de partager, de nous découvrir nous-mêmes et de découvrir l'autre dans une dimension naturelle non verbale, véritablement unique. Une vie sexuelle épanouie renforce les liens d'un couple équilibré. Mais elle ne peut remettre d'aplomb un couple qui se déchire. On confond fréquemment sexualité et intimité, car certains couples ne se rapprochent qu'à l'occasion de leurs relations sexuelles. La sexualité renforce l'intimité, elle ne la crée pas. Il est intéressant de signaler que de nombreux couples gravement perturbés rapportent qu'ils ont une sexualité d'une intensité phénoménale : ceci ne fait qu'ajouter à leur perplexité quant à l'avenir du couple. On dirait que le lit conjugal est le seul terrain sur lequel ce couple tombe d'accord et se sent en rapport. Quand c'est le cas, la sexualité est alors utilisée pour remplacer tous les facteurs manquants du couple : communication, tendresse, acceptation, partage, etc.

Nous sommes des êtres sexués; notre sexualité est un attribut de notre nature. Malheureusement, elle suscite en nous nombre de conflits et de questions contradictoires. C'est là une autre conséquence de notre éducation : dans notre civilisation, la sexualité a mauvaise presse. On a trop insisté sur l'utilisation de la sexualité et de l'acte sexuel lui-même en tant que moyen pour parvenir à d'autres buts. On nous a appris soit à afficher notre sexualité pour prendre les autres au piège, soit au contraire à la cacher comme s'il s'agissait de quelque chose de « sale ». On nous a appris que les hommes ont davantage tendance que les femmes à exhiber leur sexualité, et que celle-ci est souvent utilisée comme un moyen pour exercer un pouvoir ou une pression. Comme notre sexualité fait partie de notre nature, le fait d'être à l'aise avec elle est un processus naturel intimement lié à notre estime de nous-mêmes. Plus nous nous aimons, plus nous nous sentons à l'aise dans notre corps, plus nous acceptons ce que nous sommes physiquement, plus nous sommes conscients de notre sexualité et moins nous la redoutons.

Les couples sains, c'est-à-dire ceux composés de deux conjoints sains, ne mettent pas la sexualité sur le même plan que les compétitions sportives. Les personnes formant un couple équilibré donnent à la sexualité le rôle naturel qui lui revient, elles ne tiennent pas de statistiques sur la fréquence de leurs épanchements, pas plus qu'elles ne recherchent la prouesse ni l'exploit. Les couples expérimentés savent que la sexualité est comme tant d'autres aspects de la vie du couple : il y a des périodes où cela marche mieux qu'à d'autres. Pratiquement tous les couples traversent des phases au cours desquelles la sexualité leur semble moins importante qu'à l'accoutumée, et ils n'hésitent pas à faire alors preuve de souplesse. Il y a des périodes de notre vie où notre sexualité est plus active, et des périodes où nous pratiquons une certaine continence. Souvent, ces périodes ne coïncident pas avec les aspirations momentanées de notre conjoint. Il faut alors chercher un compromis, accepter l'autre tel qu'il est et se montrer compréhensif de façon à laisser à la sexualité sa juste place. Si nous ne parvenons pas à cet équilibre dans les autres domaines de notre vie, nous ne parviendrons pas à nous montrer souples dans celui-ci, nous ne permettrons pas à nos besoins et désirs sexuels d'évoluer avec le temps.

71
Pourquoi ne puis-je pas transformer mon conjoint ?

Beaucoup de personnes entretiennent, au moment de se lancer dans la vie de couple, une de ces deux illusions pernicieuses :

1. La personne avec laquelle je décide de vivre changera du fait qu'elle est avec moi (« C'est un ivrogne, mais mon amour le transfigurera ») ;

2. Cette personne ne changera jamais, elle restera indéfiniment telle qu'elle est aujourd'hui.

Ces deux croyances sont sans fondement, ce sont des illusions. Tout le monde évolue sans cesse. Nul n'échappe à ce processus de changement. Mais hélas, nul ne peut faire changer qui que ce soit. Nous pouvons nous changer nous-mêmes, nous pouvons faire des choix nouveaux et réordonner nos priorités, mais nous ne pouvons jamais prévoir ce que notre conjoint décidera de changer en lui. Au mieux, nous pouvons être un modèle susceptible d'aider les gens qui comptent pour nous et de les encourager dans leurs efforts. Nous pouvons essayer de leur fournir un environnement stable favorable au changement, mais rien ne nous garantit que l'autre changera de la façon dont nous le souhaitons.

Devenir suffisamment puissant pour pouvoir changer les autres, c'est un fantasme commun aux codépendants et à beaucoup de petits enfants : « Si je suis assez gentil, si je fais ce qu'il faut, si j'appuie sur les bons boutons, l'autre va changer. » Mais l'autre ne change que s'il le décide. Si la responsabilité ou le besoin de changement ne sont pas les siens, il ne change pas d'un iota. Ni les enfants ni les codépendants n'ont de responsabilités (c'est-à-dire de maîtrise) sur le comportement de l'autre : en endossant cette responsabilité-là, ils empêchent même le changement de survenir. La seule personne qu'il est en notre pouvoir de changer, c'est nous-même. Le fait de désirer ardemment qu'une autre personne change ne la fera pas changer d'un pouce. Investir tous nos efforts pour provoquer le changement d'un tiers ne fera que nous rendre malades et nous dépouiller de notre estime de nous-mêmes.

Exigences, cajoleries, manipulations, menaces, ordres directs, supplications ou marchandages sont autant d'éléments décourageants, constitutifs d'un environnement destructeur. Quand nous nous enlisons dans tout ce négatif, nous nous changeons nous-mêmes... en pire. Nous avons tendance à ne plus nous occuper de nous-mêmes et nous nous enfonçons dans des comportements qui ne vont pas dans le sens de notre estime de nous-mêmes. Paradoxe : notre conjoint continue à faire ce qu'il veut, mais il se sent désormais le droit de nous faire des reproches du fait que nous l'enfermons dans une atmosphère négative et destructrice.

Ne vous laissez pas piéger par la tentation de la psychothérapie en amateur. Même si – et surtout si – votre conjoint vous demande d'être l'acteur de son changement, refusez. C'est le b.a.-ba du métier : un psychologue ne traite jamais sa propre famille. Seuls les amateurs s'imaginent qu'ils peuvent s'improviser psychologues de leurs proches. Il est impossible d'être objectif vis-à-vis des gens auxquels nous sommes attachés. Il est impossible d'accepter sans condition de façon suivie une personne avec laquelle on a des relations intimes, et dont dépend la qualité de notre vie. Il est délicat de se mettre soi-même en position d'expert tout en conservant équilibre et égalité au sein du couple. Si votre conjoint vous demande de l'aider à changer de cette façon, le mieux à faire est de le soutenir et de l'encourager à trouver un vrai psychologue qui l'aidera.

De nouveau, occupez-vous de vous-même en priorité. Assumez la responsabilité de votre existence. Faites ce qu'il faut pour vous assurer que votre vie se déroule le mieux possible. Ce précepte semble simple, mais il n'est pas facile à appliquer. Focalisez votre besoin de changement sur ce qu'il est en votre pouvoir de changer, c'est-à-dire vous-même. Entraînez-vous à vous accepter d'abord vous-même, ensuite à accepter votre conjoint. S'il vous est catégoriquement impossible d'accepter votre conjoint tel qu'il est, et s'il ne montre nulle inclination à changer, alors faites votre choix. Quittez-le si nécessaire. Souvenez-vous : c'est vous qui avez choisi cette relation.

72
Si je change, mon conjoint changera-t-il aussi ?

On peut répondre à cette question de trois manières : oui, non et peut-être.

Oui : si l'un des pôles du système – formé par le couple – change, tout le système en est affecté et des changements en chaîne se produisent.

Non : il nous est impossible de maîtriser des changements sauf en nous-mêmes; le fait que nous changions ne garantit pas que l'autre va changer; mais nous pouvons modifier la façon dont nous percevons l'autre, nous pouvons changer de sorte à accepter plus facilement l'autre.

Peut-être : certains changements peuvent se produire mais pas exactement ceux que nous aurions désirés ou, pire, pas dans la direction que nous aurions souhaitée !

Il ne faut pas que la motivation pour nous changer nous-mêmes soit de transformer l'autre. Si tel est le cas, nous sommes en pleine manipulation, en plein chantage : nous ne sommes pas sincèrement en train de changer. Le fait de se changer soi-même requiert beaucoup de travail, un profond désir de changer et un engagement irrévocable dans ce processus. Quand notre engagement est entaché d'arrière-pensées (par exemple, changer l'autre) et que nous n'obtenons pas le résultat convoité, nous sommes rejetés directement dans le cycle de la codépendance : c'est nous qui faisons tout le travail, c'est sur nous que pèsent toutes les responsabilités et la raison pour laquelle nous nous donnons tant de mal ne se justifie même pas. Il y a des chances pour que nous commencions à nous sentir amers, dupés et furieux contre la personne qui persiste à ne pas changer. Il peut également arriver que nous éprouvions de la colère vis-à-vis de nous-mêmes. Tout cela est particulièrement destructeur pour notre estime de nous-mêmes. Et nos efforts se retournent contre nous.

Si vous choisissez de changer, vous n'avez qu'une seule bonne raison de le faire : parce que vous voulez changer. Vous avez alors la maîtrise de ce changement. Souvenez-vous : vous ne pouvez maîtriser que la façon dont vous choisissez de vous percevoir, ainsi que vos comportements, sur la base de vos sentiments. Vous ne pouvez rien maîtriser d'autre. La façon dont l'autre réagit à votre évolution vous échappe totalement. En toute logique, vous vous figurez peut-être que, si vous changez en mieux, vos relations avec ceux qui vous sont les plus proches s'amélioreront en proportion. Hélas, l'amour est enfant de Bohême et c'est souvent le contraire qui se produit. Le couple commence à se lézarder, l'entourage pédale dans la névrose. C'est courant, et bien connu par les psychologues s'occupant de thérapie familiale et les spécialistes de cybernétique humaine. Parfois, la détérioration du système est passagère; la famille se stabilise et retrouve l'harmonie une fois que chaque membre s'est habitué à ce changement. Mais c'est parfois le contraire qui se produit et le couple ne résiste pas à ces modifications. Voilà pourquoi il est fondamental que vous ne changiez que pour vous-même, que vous ne changiez que parce qu'il le faut, pour vous, et au diable les conséquences. Cela ne veut pas dire que tout changement au sein du couple met celui-ci en péril. Il arrive couramment que des changements positifs chez l'un ou l'autre conjoint resserrent les relations du couple. Néanmoins, plus le couple est fragile et moins il a de chances de s'adapter aux changements. Ce genre de couple, déjà menacé, est source de grandes souffrances pour ses membres; si votre couple est si fragile que le fait de vous améliorer le détruise, demandez-vous ce qu'il vous apporte et en quoi il contribue à la qualité de votre vie.

Si vous essayez de changer dans le but de faire changer l'autre, vous déchargez cette personne de sa responsabilité de changer; vous vous attribuez d'avance le mérite des transformations qui se produiront en elle. Quand vous vous changez vous-même, tout le mérite vous revient parce que c'est vous qui le faites : vous vous retroussez les manches, vous ressentez la souffrance, vous tenez bon et obtenez ce que vous vouliez. Tout le monde a le droit de se voir reconnaître le mérite de ses changements : ce n'est pas vous qui avez modifié qui que ce soit, c'est chacun qui s'est changé lui-même. N'essayez pas de changer les autres : cela ne marche jamais !

73
Que puis-je faire pour les autres ?

Le mieux que vous puissiez faire pour les autres, c'est de représenter à leurs yeux un modèle attrayant d'estime de soi et d'intégration sociale. On manque dramatiquement, en ce bas monde, de modèles sains auxquels se référer. En vous aimant vous-même, en satisfaisant vos besoins et en cultivant l'estime de vous-même, vous constituerez pour les autres un modèle visible, équilibré et positif, pour le cas où ils décideraient de changer. En acceptant vous-même, les autres et les circonstances tels qu'ils sont, en fuyant le remords, en vous montrant encourageant pour tous, en assumant vos responsabilités vis-à-vis de vous-même et en vous recentrant quand il le faut, vous ferez la preuve que c'est possible et vous donnerez aux autres le bon exemple. C'est, de loin l'enseignement le plus convaincant et, bien souvent, nous ne nous rendons même pas compte que d'autres nous prennent comme modèles. La pratique de l'estime de soi est constituée en grande partie d'actions et non de paroles; ces comportements ne peuvent s'apprendre que par l'exemple. Paradoxe : plus vous en faites pour vous-même, meilleur vous devenez en tant que modèle pour les autres. Initiez le mouvement en marchant et d'autres vous emboîteront le pas; les mots sont inutiles.

Si vous pouvez vous accepter tel que vous êtes, si vous cessez de vous mettre en tête de devenir parfait, alors vous pourrez accepter les autres avec leurs imperfections. Cette acceptation est irrésistible, elle laisse les autres libres de s'accepter eux-mêmes. Si vous pouvez vous pardonner vos propres erreurs et en tirer les enseignements, ceux qui vous entourent sentiront que vous leur offrez une alternative quant à la façon de réagir à leurs propres erreurs. Bien sûr, ils sont libres de ne pas vous imiter, mais ils ne pourront plus se donner l'excuse traditionnelle : « Tout le monde autour de moi essaie d'être parfait. » Quand vous vous détachez de vos remords et de vos mortifications, vous prouvez par l'exemple que c'est possible. Chaque fois que vous dites « non » à quelqu'un, vous lui donnez la liberté de vous dire « non » à son tour. Si vous pouvez dire « non » sans remords, vous laissez l'autre libre de faire de même. En vous occupant de satisfaire vos propres besoins, vous laissez les aûtres libres de s'occuper des leurs. Si vous prenez des risques, les autres seront plus susceptibles d'en prendre à leur tour. Et ainsi de suite. Les gens qui vous entourent ont une influence sur vous. Vous réagissez à chaque encouragement, à chaque appui ; le négatif et les choses décourageantes ne vous laissent pas indifférents. Vous avez besoin d'une dose supplémentaire de positif pour servir d'antidote à tout ce négatif. Vous pouvez constituer un pôle positif dans votre milieu.

Une des plus remarquables qualités qui peuvent faire de nous des modèles pour les autres, c'est l'amour inconditionnel. Quand nous détenons l'estime de nous-mêmes et pratiquons cet amour inconditionnel vis-à-vis de nous, notre être tout entier constitue pour les autres un modèle de comportement. Nous n'avons pas à faire quoi que ce soit ; notre démonstration réside dans notre état d'être. En nous laissant nous-mêmes libres d'être, nous laissons les autres libres d'être à leur tour. Le jour où nous cessons d'excuser nos échecs en invoquant des facteurs externes, nous mettons un terme à ce petit jeu de reproches réciproques. Nous procurons ainsi aux autres un havre de sécurité, et Dieu sait qu'ils en ont désespérément besoin.

L'intégration sociale n'oblige pas les autres à changer. Au contraire, elle laisse les changements survenir, et elle encourage les améliorations. L'intégration sociale, extension de l'estime de soi à autrui, suscite croissance et développement. Nous avons besoin des autres pour apprendre d'eux et pour leur apprendre, pour établir des rapports interactifs avec eux, pour partager notre découverte de nous-mêmes, et pour nous réjouir ensemble de nos propres découvertes. Nous avons besoin des autres parce que nous sommes tous liés, unis; nous faisons partie du même tout, nous pouvons croître ensemble et converger d'un même pas vers l'unité suprême. Nous ne pouvons pas faire cela tout seuls. Nous avons aussi besoin des autres pour mettre à l'épreuve la rupture de notre isolement du monde; nous avons besoin de découvrir notre sentiment d'appartenance à la communauté, de partager nos ressemblances. Nous avons besoin des autres autant qu'ils ont besoin de nous, non pas pour les prendre en charge mais pour nous montrer accueillants, non pas afin de faire des choses pour eux, mais afin de faire des choses avec eux. Bref, la meilleure chose que nous puissions faire pour les autres, c'est exactement ce que nous pouvons faire pour nous-mêmes.

74

Pourquoi ne pas faire passer les autres d'abord ?

Quand on fait passer les autres avant soi, il est d'usage de dire que c'est pour « faire plaisir »; cela revient à faire passer les besoins des autres avant les siens propres. En effet, si nous avons tant que ça besoin des autres, qu'y a-t-il de mal à nous sacrifier pour eux ? Pourquoi ne pas faire plaisir, ni essayer de rendre les gens heureux autour de nous ? La réponse à ces questions est, de nouveau, une question de degré. Parfois, nous pouvons décider de sacrifier ce que nous voulons ou ce dont nous aurions besoin pour faire plaisir à quelqu'un. Quelquefois, nous pouvons essayer de faire plaisir aux gens. Le mot clef ici est « quelquefois »... Mais pas tout le temps ! Les gens qui se mettent en quatre pour faire plaisir se laissent peu à peu dévorer par leur besoin de prendre les autres en charge. Ils n'ont jamais appris à faire ces choses pour eux-mêmes, ils attendent des autres que ces derniers se donnent autant de mal pour leur faire plaisir. Voilà le danger qu'il y a à faire systématiquement passer les autres d'abord.

Notre modèle occidental (ainsi que la plupart des religions) nous a appris : « Fais aux autres ce que tu voudrais qu'ils te fassent. » L'accent est mis sur ce que l'on fait aux autres, et rarement sur la deuxième partie de la phrase. Comment savons-nous ce que nous voudrions qu'ils nous fassent, si nous ne sommes conscients ni de nos besoins ni de nos désirs ? Et s'ils faisaient tout cela pour nous, serions-nous capables de l'accepter ? Nous jugerions-nous dignes de leur don ? La plupart des bonnes personnes qui focalisent leurs énergies sur le don de soi n'ont pas conscience de ce dont elles ont besoin pour elles-mêmes. Elles espèrent que quelqu'un lira dans leurs pensées et y dénichera exactement ce qu'il leur faut. Ces bonnes âmes donnent pour recevoir en retour, tous leurs cadeaux sont intéressés, consciemment ou inconsciemment. Ces louches donateurs croient souvent savoir ce dont l'autre a besoin mieux que l'intéressé lui-même. Ainsi, ils font des cadeaux qui ne sont ni nécessaires ni désirés. Il en résulte pour tous ces bons samaritains des rancœurs, des souffrances et des malentendus. Nous sommes loin du précepte initial : « Fais aux autres... »

Faire toujours plaisir aux autres, c'est la façon moderne de jouer les martyrs. La plupart d'entre nous ne sont pas taillés pour la sainteté. Et il n'est pas tous les jours facile de vivre avec un martyr. Paradoxe : les vrais saints donnent parce qu'ils veulent le faire. Au fond, ils donnent pour eux. Ils pratiquent l'estime de soi à son plus haut niveau. Ils comblent leurs plus hauts désirs et s'élèvent au-dessus des soucis de ce monde. La plupart des saints n'ont nulle conscience de leur sainteté, celle-ci n'entre pas dans le champ de leurs préoccupations. Ils répondent à une vocation plus haute. Un « petit saint », qui fait toujours passer les autres d'abord, c'est le contraire d'un saint. Le « petit saint » n'est que trop conscient de ce qu'il donne, et il le fait de façon égocentrique : il donne afin que les autres subviennent à ses propres besoins. En faisant passer les autres en premier, il attend d'eux amour, respect, adoration, sécurité, acceptation, etc. Rien de tout cela ne s'achète ni ne se troque. En mettant les autres à la première place, les « petits saints » abdiquent leurs droits et leurs responsabilités en même temps qu'ils se défont de ce qu'ils offrent.

Faire passer les autres en premier est un cadeau qu'on leur fait. Comme tous les cadeaux, celui-là n'a de sens que si le donateur est sans arrière-pensées. C'est la seule raison acceptable de faire un cadeau. Peu importe ce que le bénéficiaire en fait. La raison de donner, c'est la joie que cela procure au donateur. Et cela suffit. Prendre en charge les autres, c'est un don énorme. Ne le faites que si vous êtes certain de ne pas avoir d'arrière-pensée. (De nouveau, il y a une exception : les très jeunes enfants. Prenez-les en charge même si cela ne vous dit rien. Ce n'est pas de leur faute s'ils sont à votre charge. Ils n'ont pas le choix, ils sont incapables de subvenir à leurs propres besoins. Autre exception, les personnes à votre charge du fait d'une maladie ou d'un handicap; dans ce dernier cas cependant, il peut y avoir des alternatives à votre disposition. Les animaux également sont vulnérables : leurs propriétaires doivent en assumer la responsabilité). La seule façon dont vous pouvez faire des cadeaux sans arrière-pensées, c'est de faire passer vos propres besoins d'abord. Pour cela, il faut que vous vous donniez la priorité à vous-même. Vous devez identifier ce que vous voulez et ce dont vous avez besoin, et faire le nécessaire pour subvenir à vos besoins. Vous ne pouvez pas en même temps dire amen à tout le monde et prendre soin de vous-même. D'ailleurs, une fois que vous vous prenez convenablement en charge, vous vous apercevez que votre besoin de complaire à tout le monde disparaît. Quand vous vous aimez vous-même, vous voulez que les autres vous aiment pour ce que vous êtes et non pour ce que vous faites pour eux. Si vous satisfaites vos propres besoins, les motifs secondaires pour lesquels vous donnez cesseront de compter à vos yeux.

Peut-être que le précepte initial serait plus clair si nous l'inversions : « Fais-toi à toi-même ce que tu voudrais que les autres te fassent. » C'est là le cœur de l'apprentissage de l'estime de soi. A partir du moment où vous faites cela, le paradoxe joue et il devient plus facile de « Faire aux autres ce que vous voudriez qu'ils vous fassent ». C'est l'essence de l'intégration sociale. Mais on ne peut appliquer l'intégration sociale qu'une fois rompu à la pratique de l'estime de soi. Voilà ce que le modèle occidental a omis de nous enseigner. Ce concept est au cœur de toutes les religions. Prenez conscience de votre valeur, sachez que la nature humaine – notamment la vôtre – est bonne et que vous méritez d'être aimé. Apprenez le pardon et l'acceptation, et détachez-vous. Vous en profiterez vous-même et tout le monde autour de vous en profitera. Ne faites passer les autres avant vous que momentanément; à long terme, c'est vous d'abord. Vous méritez de retenir votre propre attention. Vous êtes capable de vous combler.

75

Comment savoir jusqu'où je dois aider les autres ?

D'abord, assurez-vous que l'autre a envie de ce que vous lui donnez. Ne partez pas de l'hypothèse qu'il a besoin de vos bons offices et ne donnez rien tant que vous vous sentez vous-même frustré. Cela se retournerait contre vous. Fuyez comme la peste le besoin d'être nécessaire aux autres. C'est un piège dans lequel il est facile de tomber. Vérifiez et contrôlez que ce dont vous faites cadeau – votre temps, votre énergie, vos services, votre sacrifice – est donné de bon cœur et sans la moindre arrière-pensée de votre part. Quand on vous demande de donner quelque chose, que vous n'en avez nulle envie mais que vous vous y sentez contraint, prenez toutes les mesures pour que cet état de choses ne perdure pas; entourez-vous de garanties dès le départ. Sachez jusqu'où vous irez et où vous vous arrêterez. Si vous êtes incapable de faire cela, mieux vaut à long terme ne rien donner de vous-même. Si vous vous trouvez coincé dans une position où vous avez l'impression de devoir donner trop, jusqu'à en concevoir de l'amertume et de la colère, cessez de donner. Nul don à autrui ne vaut la peine de vous détruire. Si vous avez commencé à donner, nulle loi ne vous oblige à continuer. Méfiez-vous des gens qui attendent toujours quelque chose de vous. Ils manquent d'estime d'eux-mêmes, ils ne vous encourageront jamais à vous prendre en charge.

La fable qui suit est un bon exemple pour illustrer le danger qu'il y a à trop donner.

Dans une sombre forêt végétait un marécage en état de dépression chronique, profondément insatisfait de son sort. Par une belle journée ensoleillée, un tracteur frais émoulu de la chaîne de montage partit se promener dans la forêt. Le tracteur sifflotant et chantonnant, heureux de vivre comme personne, tomba au détour du chemin sur le marécage :

– Bonjour ! lança-t-il au marécage. Quelle belle journée!

– Beurk, répondit le marécage. Tu parles ! Moi, je suis condamné à vivre dans ces sous-bois sombres où je ne vois jamais un rayon de soleil. J'en ai assez d'être un vieux marécage glauque.

– Mon pauvre marécage ! s'exclama innocemment le tracteur. Que pourrais-je bien faire pour t'aider ?

Le marais prit un instant de réflexion :

– Eh bien, si tu désires véritablement me rendre service, tu pourrais aller me chercher de la terre jusqu'à me remblayer complètement : ainsi, je cesserais d'être un marécage.

– Quelle bonne idée ! acquiesça le tracteur. Je serai enchanté de t'aider.

Et voilà notre tracteur qui se met à pelleter de la terre pour combler ce pauvre marécage. Il se donne du mal et charrie des tonnes de terre, des heures durant. Mais le marais, dépité par les maigres résultats de tant d'efforts, commence à maugréer :

– Je ne crois pas qu'à ce train-là, tu parviennes à changer grand-chose.

– D'accord, acquiesça de nouveau le tracteur, je vais faire plus vite.

La journée s'écoule et, au soir, le petit tracteur est épuisé. Hélas, le marécage n'a guère changé depuis le matin. Et le voilà qui se met en colère :

– Si tu m'aimais vraiment, ça se verrait. Je n'ai pas l'impression que tu y mettes beaucoup de bonne volonté.

Après avoir œuvré toute la journée pour aider son ami, le tracteur prend encore plus à cœur son rôle salvateur : il doit faire tout ce qu'il peut pour changer son ami. Malgré la fatigue, il redouble d'efforts, pelletant toute la nuit, tandis que le marais dort à poings fermés; le jour suivant, il poursuit inlassablement son travail. Mais le marais s'obstine à ronchonner et ne cesse de se plaindre : de si piètres résultats prouvent bien que le tracteur manque vraiment de cœur. A bout de forces, le tracteur se tue à la tâche, puis s'enfonce lentement dans la vase gluante du marécage. Il disparaît, ne laissant derrière lui aucune trace de son passage. Le marécage est toujours marécage, il attend l'arrivée du prochain tracteur pour lui demander de le sauver de lui-même.

Qu'aurait dû faire le tracteur ? S'il avait appris l'estime de soi – la façon dont on peut se prendre en charge –, il aurait demandé au marécage ce que ce dernier était disposé à faire pour changer. Il aurait également pu passer à côté du marécage et se rendre compte qu'il constituait un piège dangereux. Ou, s'il était un tracteur bien intégré socialement, il aurait peut-être offert au marécage une aide momentanée. Ensuite, comprenant que sa contribution était inutile, il aurait passé son chemin, content d'avoir essayé, même si le marécage était toujours marécage. Dans tous les cas, si ce tracteur avait appris l'estime de soi, il n'aurait jamais donné sa vie pour le marécage.

Il y a des gens qui sont nés tracteurs (les donneurs) et ils sont attirés par ceux qui sont nés marécages (les preneurs). Pour que l'histoire se termine bien, il faut que tous les marécages et tous les tracteurs du monde apprennent, individuellement, à se prendre en charge. Les marécages doivent apprendre à s'occuper d'eux-mêmes et les tracteurs doivent apprendre à les laisser faire. Il faut que les tracteurs laissent les marécages continuer à être marécages. En payant autant de sa personne, le donneur met le receveur en position d'infériorité, en position de victime; une victime qui tend à en vouloir à son soi-disant sauveur, voire à le haïr. On comprend aisément le rôle destructeur des preneurs, mais il y a également un grand pouvoir de destruction dans le fait de trop donner. L'objectif du donneur – se sentir bien et s'attribuer le mérite du changement – risque de dépasser largement les besoins du preneur.

Souvenez-vous du symbole de la bonbonnière : commencez par remplir la vôtre, puis vous pourrez penser à celle des autres. Donnez votre superflu, non votre nécessaire; donnez quand votre bonbonnière à vous est pleine, donnez quand vous êtes sûr que ce don n'est pas, pour vous, une privation. Sacrifiez-vous pour les autres tant que vous voulez, à condition de ne pas avoir l'impression de sacrifier quoi que ce soit. Dès que vous sentez que ce sacrifice vous coûte, cessez de donner et défendez vos propres intérêts.

76
Qu'est-ce qu'une famille à problèmes ?

Les membres de ces familles ou de ces couples sont enfermés dans tel ou tel cercle vicieux qui les fait tous souffrir et qui les détruit individuellement et collectivement. Les familles au sein desquelles vit un alcoolique, un drogué, un malade mental, un violent, un criminel ou tout autre type de personnalité destructrice sont en général des familles à problèmes. Ce terme permet d'envisager la famille tout entière en tant que système, au lieu de concentrer son attention exclusivement sur le problème du fauteur de troubles. Quand une personne de la famille souffre d'une difficulté majeure, toute la famille en est affectée, et chacun y laisse des plumes. Des problèmes peuvent également survenir sans que l'on identifie un coupable en particulier; si un lourd secret ou un conflit extérieur exerce une influence destructrice sur la cellule familiale, celle-ci peut devenir une famille à problèmes. D'une façon ou d'une autre, chaque membre de la famille en devient victime.

Les familles à problèmes, caractérisées par des tensions excessives, sont hélas nombreuses aujourd'hui. Elles souffrent d'un manque de communication, d'une incapacité à exprimer les sentiments, d'une absence de soutien réciproque, de critiques superflues et destructrices, d'une atmosphère décourageante : chacun se trouve dans l'incapacité de se développer et de changer de façon positive. Le foyer n'est plus le cocon où l'on se sent en sécurité, c'est un champ de bataille. Un signe ne trompe pas : si nous avons peur de rentrer chez nous, ou que nous y répugnons, c'est que nous faisons partie d'une famille à problèmes. On observe souvent des brouilles entre membres de la famille, des alliances fragiles, d'innombrables secrets et force médisances. Chaque membre de la famille se barricade derrière des défenses malsaines pour pouvoir survivre; les enfants qui grandissent dans ce genre d'atmosphère répercuteront plus tard cette désastreuse éducation sur leur couple. Ainsi, une famille à problèmes en engendre plusieurs. Les familles à problèmes produisent des personnes à problèmes qui, à leur tour, fondent des familles à problèmes.

Les psychologues familiaux se sont rendu compte qu'il ne suffit pas de soigner le patient hors de son cadre familial pour ensuite le renvoyer dans un système qui ne fonctionne pas correctement. Si l'on veut obtenir des changements positifs, c'est sur l'ensemble de la cellule familiale qu'il convient de se pencher et pas seulement sur l'individu à problèmes. Dans certaines circonstances, le traitement doit également inclure l'entourage proche de la famille immédiate : des amis intimes, d'autres parents, des voisins de bonne volonté qui se retrouvent concernés par le problème. Il faut souvent une crise grave pour que tous les membres de la famille tombent d'accord sur la nécessité d'un traitement. Paradoxe : cette crise représente, pour une famille à problèmes, l'événement le plus positif qui soit, si elle catalyse un processus de changement.

La plupart des familles à problèmes ne changent pas car il est plus simple d'observer le statu quo que de se lancer dans l'inconnu. Les problèmes sont bien identifiés, les réactions de la famille aussi : cela crée une sorte de complicité perverse entre tous les membres de la famille, cela leur donne une illusion de sécurité. Il leur semble plus sûr de rester figés sur place que d'apprendre à développer de nouveaux types de comportements. C'est là une illusion dramatique, car il faut déployer bien plus d'énergie pour maintenir l'équilibre dans un couple à problèmes que dans un couple sain; de surcroît, au bout du compte, ces efforts ne satisfont personne. Si la famille refuse de modifier ce système destructif, celui qui a décidé de changer doit le faire seul, quelle que soit la réaction de son entourage. Ce choix peut se révéler d'une difficulté extrême, voire aboutir à une rupture avec ce système pernicieux. Mais le jeu en vaut bien la chandelle car chacun est avant tout responsable de lui-même !

77

Pourquoi est-ce que je crains toujours mon père ou ma mère ?

On est surpris de constater combien d'adultes posent cette question. Ce sont tous des gens qui ont grandi dans des familles à problèmes, et qui furent maltraités ou terrorisés par leur père ou leur mère, voire les deux. Leur peur les suit jusqu'à l'âge adulte, même après avoir quitté le foyer, même après la mort du parent redouté, et quel que soit leur statut social. Des gens qui semblent n'avoir peur de rien ou qui « réussissent » professionnellement continuent parfois à nourrir des angoisses totalement irrationnelles quand ils pensent à leurs parents ou les rencontrent. A leur contact, ces adultes régressent à un stade infantile et se comportent de façon immature. Des hommes robustes, des femmes dans la force de l'âge tremblent quand il leur faut rencontrer cet individu redouté, même si celui-ci est vieux, malade, frêle et affaibli. Pourquoi ?

Cette réaction est facile à comprendre dès lors que le concept de l'enfant intérieur nous est familier. Souvenons-nous : notre enfant intérieur ne grandit jamais; il continue à ressentir nos sentiments précoces, il conserve les réactions qu'il avait dans notre enfance. Si nous avons encore peur de nos parents, cela signifie que nous les voyons à travers les yeux de notre enfant intérieur. Nous percevons nos parents comme des personnes puissantes et indispensables, dont dépend notre survie. Du fait qu'ils nous ont infligé tant de souffrances quand nous étions petits, nous continuons à les percevoir comme plus forts que nous et susceptibles de nous faire mal. Il était raisonnable d'avoir peur d'eux quand nous étions petits, mais il n'y a plus de raison objective de les craindre à présent que nous sommes capables de survivre sans eux. Néanmoins, l'enfant intérieur ne se comporte pas de façon rationnelle ni logique; il est impossible de faire entendre raison à un gamin terrorisé, il faut le comprendre et réagir en fonction de ses sentiments.

Une fois que vous avez appris à materner votre enfant intérieur, vous pouvez commencer à voir chacun de vos parents avec des yeux d'adulte, percer à jour son insécurité, ses vaines attentes, ses faiblesses; vous pouvez démonter le mécanisme du prétendu pouvoir qu'il exerce sur vous, vous détacher de l'ascendant que votre peur lui confère. Vous verrez alors vos parents comme des personnes parmi tant d'autres, et non plus comme une source de souffrances. Si vous parvenez à vous en affranchir, vous verrez ce qu'il y avait de pervers dans les souffrances qu'ils vous ont causées. Vous pouvez choisir d'en finir avec ce jeu malsain. Vous pouvez sortir de votre rôle de victime. Ne cherchez pas à faire changer vos parents; ne leur demandez ni de se rendre compte du mal qu'ils vous ont fait ni de vous présenter des excuses. Ils risquent de ne jamais être disposés à le faire, et vous ne feriez que retourner le couteau dans la plaie. Choisissez plutôt de vous changer vous-même. Maternez votre enfant intérieur et donnez-lui le soutien, l'encouragement et la sécurité qu'il aurait dû recevoir de vos parents, mais qu'il n'a jamais obtenus. Faites pour vous-même ce que vos parents n'ont pas pu ou pas voulu faire pour vous alors que vous étiez enfant. Si vos parents vous maltraitent encore, sortez de ce système pernicieux. Pratiquez l'estime de vous-même, évitez les gens négatifs. Faites en sorte de devenir fort, solide, aimé; transformez votre dépendance en indépendance. Accordez-vous ce dont vous avez besoin et ce que vous voulez, de façon à ne plus rien attendre du tout de vos parents. Ce n'est qu'une fois libéré de votre peur et dépouillé de toute vaine attente que vous pouvez vous risquer à renouer des relations avec vos parents. Ne cherchez pas l'affrontement, à moins de disposer d'appuis sûrs. N'essayez pas d'être le psychologue ou le professeur de vos parents. Souvenez-vous : vous pouvez exprimer votre colère et la résoudre de façon constructive, sans contact direct avec vos parents. Vous avez parfaitement le droit d'être en colère contre eux, mais vous avez une responsabilité plus grande encore vis-à-vis de vous-même : vous seul pouvez vous occuper de vous, vous détacher des peurs passées et continuer à vivre. A partir du moment où vous n'avez plus besoin de vos parents pour survivre, vous n'avez plus de raisons de dépendre d'eux. C'est maintenant à vous de materner votre enfant intérieur, vous n'avez donc plus rien à craindre !

78

Pourquoi cette haine en moi ?

La haine peut être envisagée comme de la colère rentrée, des besoins insatisfaits ou une souffrance non reconnue comme telle que nous projetons sur une personne, une situation ou sur nous-mêmes. Nous avons une propension à haïr les gens qui nous font du mal, ou qui refusent de satisfaire nos besoins ou nos désirs. Nous haïssons ceux qui font de nous des victimes. Quand nous sommes victimes, nous nous haïssons nous-mêmes du fait que nous nous sentons faibles ou impuissants. Nous haïssons l'injustice, car elle nous donne l'impression désespérante que la situation nous dépasse complètement. Nous haïssons le fait que nous ne pouvons être parfaits et nous haïssons notre vulnérabilité en ce bas monde. Nous commençons par haïr les autres et finissons par nous haïr nous-mêmes. Le problème de la haine c'est qu'elle finit par tout envahir en nous, et nous entraîner dans un cercle vicieux d'autodestruction. C'est le contraire de l'acceptation. Quelles que soient les raisons que nous ayons de haïr telle ou telle personne, il n'en reste pas moins que notre haine fait partie de nous-mêmes. Elle finit toujours par se retourner contre nous, elle détruit notre âme et notre estime de nous-mêmes. Il devient très difficile de nous aimer nous-mêmes sans réserve quand nous avons de la haine en nous. La haine, c'est comme une pomme pourrie dans un panier : si on ne la retire pas, elle contaminera toutes les autres.

La meilleure façon de se débarrasser de sa haine, c'est de résoudre la colère qui l'engendre, de combler le désir insatisfait et de reconnaître la souffrance niée. Acceptez le fait que vous haïssez, et tâchez de vous détacher de cette haine. Ne perdez ni votre temps ni votre énergie à intellectualiser les bonnes raisons que vous avez de haïr, ne cherchez pas à nier le fait que vous haïssez; ne cherchez pas des personnes pour partager votre haine : vous risqueriez d'en trouver. Haïr quelque chose ou quelqu'un ne changera jamais rien à rien, mais cela vous changera vous-même, cela vous détruira. Cessez de vous focaliser sur l'objet de votre haine, recentrez-vous sur vous-même. Décomposez les différents sentiments qui forment cette haine; prenez conscience de la tristesse, de la colère et de la peur qui en sont autant de composantes. Reconnaissez leur existence, sans chercher à les maîtriser. Souvenez-vous : vous ne pouvez pas maîtriser vos sentiments, vous ne pouvez maîtriser que la façon dont vous les exprimez, ou les actions que vous décidez sous leur empire. Si vous ressentez la composante « tristesse » de votre haine, pleurez; faites le deuil de ce dont elle vous a privé, et laissez votre souffrance s'apaiser. Et elle s'apaisera bel et bien, une fois que vous vous serez occupé d'elle. Faites de même avec votre colère : criez, sautez partout, boxez votre oreiller, écrivez des lettres vengeresses que vous ne posterez jamais, partagez votre colère avec quelqu'un de neutre et de compatissant, capable de vous encourager à ressentir vos émotions et non à passer à l'action à chaud. La colère, comme tous vos autres sentiments, s'apaisera d'elle-même si vous en reconnaissez l'existence et acceptez de l'assumer. Quand vous ne ressentirez plus ni colère, ni tristesse, ni peur, ni frustration, il vous deviendra impossible d'entretenir votre haine. Que reste-t-il de la haine quand on a exprimé tous ses sentiments et satisfait tous ses besoins ? Si vous haïssez quelqu'un pour son comportement, c'est que vous le jugez. Vous affirmez que vous avez raison et qu'il a tort, que vous êtes bon et qu'il est mauvais, que vous savez et qu'il est dans l'ignorance.

Le modèle occidental est fondé sur des frontières, des valeurs subjectives et des critiques. Il impose comme hypothèses de départ que nous pouvons atteindre la perfection, et que nous sommes en concurrence avec les autres. Le modèle oriental, ontologique, ne pose pas d'hypothèses : c'est un modèle d'acceptation. Nous sommes ce que nous sommes, les autres sont ce qu'ils sont. Chacun est responsable de lui-même et, quand nous haïssons, nous sommes responsables de notre haine. Nous ne pouvons rien maîtriser à l'exception de nous-mêmes et nous avons le pouvoir de cesser de haïr. Que nous les haïssions ou pas, les autres ne changeront pas. Il y aura toujours des souffrances et des injustices ici-bas. Notre haine ne fait qu'ajouter à tout le négatif d'un monde déjà dévasté. Notre acceptation et notre absence de haine ne changeront certes pas le monde mais elles nous feront progresser, nous, dans le bon sens. Nous ne sommes pas capables de nettoyer ce cloaque mais à quoi bon en rajouter ? Nous sommes capables de nous détacher de la haine; d'ailleurs, elle ne nous fait aucun bien.

79

Que faire quand on me hait ?

Cette question est à bien des égards la réciproque de la précédente. Elle appelle donc des réponses similaires. Les gens nous haïssent quand nous les blessons, leur refusons quelque chose qu'ils veulent ou dont ils ont besoin, leur infligeons des souffrances ou en faisons des victimes. Ils ont tendance à nous haïr quand ils nous croient mauvais, ignorants ou malades. Souvent, ils nous haïssent pour les faiblesses dont nous faisons preuve et qu'ils redoutent de trouver en eux; ou encore ils nous haïssent pour nos points forts dont ils ont l'impression d'être privés. Enfin, certains nous haïssent sans raison apparente.

Il y a une différence fondamentale entre le fait d'être haï et le fait de haïr. La haine dont nous faisons l'objet peut nous apprendre beaucoup. Nous pouvons l'utiliser comme un catalyseur pour amorcer en nous des changements; nous pouvons mieux prendre conscience de l'effet de nos comportements sur les autres, en cherchant à comprendre les motivations de ceux qui nous haïssent. Si nous acceptons le fait d'être haïs, nous pouvons déterminer l'attitude à adopter face à cette haine : comment nous percevons-nous ? Pensons-nous mériter pareille réaction ? Dès lors que nous reconnaissons avoir causé du tort à quelqu'un, nous pouvons décider de modifier notre comportement. Nous pouvons commencer à comprendre que c'est par manque d'assurance que nous avons cru pouvoir dominer et maîtriser les autres. Plusieurs questions en découlent alors : pourquoi ce besoin de placer les autres en situation d'infériorité ou de victimes ? Pourquoi sommes-nous négatifs et destructeurs ? Une fois que nous avons objectivement accepté le caractère dommageable de notre comportement, nous pouvons décider de le corriger. Aucune évolution n'est possible tant que nous persistons à nier les faits, à édifier des défenses, à nous inventer des justifications et des prétextes. Paradoxe : nous pouvons apprendre davantage de nos ennemis que de nos amis. Nous pouvons faire de nos ennemis, qui nous haïssent, des professeurs; nous pouvons nous servir de leur haine pour nous développer de façon positive.

Supposons que nous analysons notre comportement et que nous ne trouvons rien à y redire; nous n'avons par conséquent aucune raison d'en changer. Auquel cas, nous avons l'impression de ne pas mériter cette haine : nous en concluons qu'il n'y a aucune leçon à en tirer. Néanmoins, acceptons le fait que nous n'avons rien à nous reprocher et admettons que le monde n'est pas juste; ces deux constatations nous aideront à surmonter le sentiment d'injustice que suscite en nous la haine des autres. Tout comme nous avons le choix et la responsabilité de notre propre haine, les autres portent le choix et la responsabilité de la leur. Si notre conscience est nette, si nous faisons réellement de notre mieux et n'essayons pas délibérément de causer du tort ou de faire des autres des victimes, il ne sert à rien de consacrer notre temps ou nos énergies à nous soucier de la haine des autres. C'est leur problème et leur responsabilité; nous n'avons pas l'intention de devenir les victimes de ceux qui se considèrent comme nos victimes. Dans ce type de situation, chacun aurait beaucoup à perdre.

Pour acquérir l'estime de soi, il est une réalité qu'il nous faut admettre : nous causons des souffrances à autrui. Nous ne pouvons pas subvenir aux besoins des autres, nous ne pouvons pas les prendre en charge de la façon qu'ils souhaiteraient. Nous ne pouvons pas prendre leurs responsabilités à leur place (à quelques exceptions près : les petits enfants, les malades et handicapés et les véritables victimes, celles de la folie des hommes). Les gens qui n'ont aucune estime d'eux-mêmes nous en voudront souvent de ne pas jouer avec eux au petit jeu du moi faible. Nous pouvons accepter cette situation et nous en détacher. Pas question de devenir des béni-oui-oui parce que nous avons peur de nous faire haïr. Paradoxe : les « petits saints » sont davantage haïs que ceux qui possèdent l'estime d'eux-mêmes. La haine appartient à la personne qui la ressent. Pour faire au mieux, faisons-nous confiance, interrogeons notre conscience et demandons-nous comment nous nous sentons; modifions autant que possible nos comportements destructeurs vis-à-vis d'autrui et détachons-nous de sa haine. Nous pouvons apprendre à nous montrer aimants, d'abord vis-à-vis de nous-mêmes et ensuite vis-à-vis des autres; de la sorte, nous engendrerons moins de haine et mettrons davantage d'amour dans ce monde.

80

Comment savoir qu'il est temps de mettre un terme à une liaison amoureuse ?

Tous les couples ont des passages à vide. Il arrive par exemple qu'avec le temps, les relations des époux perdent de leur fraîcheur : ils s'ennuient. Des facteurs extérieurs, sources de souffrance, peuvent provoquer momentanément chez l'un des époux – ou chez les deux – des comportements inhabituels. Tous les couples traversent, à un moment ou à un autre, des périodes difficiles : c'est normal.

D'autres couples, en revanche, sont confrontés à des difficultés insurmontables : c'est le cas quand il y a violence, alcoolisme ou toxicomanie, quand il y a volonté de nuire ou de blesser – physiquement ou affectivement – l'autre. Quand le risque de préjudice grave est confirmé, la victime se doit de rompre aussi vite que possible. Il est vain d'espérer prendre soin de notre équilibre affectif si notre sécurité physique est menacée. Nous ne pouvons pas travailler à notre évolution et à notre épanouissement si nous consacrons toutes nos énergies à la simple survie. Nous avons le droit et le devoir – si tant est que nous en ayons les moyens – de nous établir dans un environnement sûr. Si la moindre issue se présente, nous ne sommes pas du tout obligés de persister dans un rôle de victime.

La sécurité affective n'est pas moins importante que la sécurité physique. Nul ne peut s'épanouir s'il est soumis à des violences affectives. Si vous êtes en contact permanent avec une personne qui se révèle affectivement destructrice, renoncez à vouloir la changer – ou à vouloir vous changer–: quittez-la. Si vous vivez avec un alcoolique ou un drogué qui ne se soucie nullement de se désintoxiquer, le mieux que vous puissiez faire, c'est de le planter là, lui et son vice, plutôt que de vous épuiser à les supporter. Souvenez-vous: le souci prioritaire du drogué, c'est sa drogue; il ne s'intéressera à ses relations avec vous qu'une fois qu'il aura décidé de renoncer à sa dépendance.

Pour qu'une intervention thérapeutique dans une famille à problèmes se révèle fructueuse, il faut que le drogué fasse un choix entre sa dépendance et son conjoint, ou les autres membres de la famille. Le drogué ne peut pas garder de relations durables à la fois avec sa drogue et avec son conjoint. Même si la séparation est déchirante, elle s'avérera à terme moins douloureuse qu'une cohabitation sans espoir. Il est de votre responsabilité, tant vis-à-vis de vous-même que vis-à-vis de vos enfants vulnérables, de quitter cet environnement néfaste. Souvenez-vous que la sécurité est un besoin élémentaire tant de l'homme que de l'animal. La sécurité est un besoin plus fondamental encore que le sommeil, l'alimentation ou les rapports sexuels. Vous ne méritez pas de vivre en danger permanent: si vous avez une issue, ne restez pas avec une personne qui met votre sécurité en danger.

Qu'en est-il alors des autres couples, qui ne sont pas véritablement en danger mais s'assoupissent dans une routine ennuyeuse? Que faire quand la relation a perdu de son piquant ou de sa fraîcheur? A partir de quel point faut-il envisager une séparation ? Tout d'abord, ne pas confondre vitesse et précipitation. Prenez votre temps, faites-vous conseiller. Réfléchissez à tous les aspects de votre vie de couple; voyez quelles sont les lacunes que vous pouvez combler vous-même. Par manque d'estime de vous-même, vous accablerez peut-être votre conjoint d'exigences démesurées. Si vous entretenez de vaines attentes et vous bercez d'illusions quant à ce que votre couple est censé vous apporter, mettez-les à plat, réfléchissez-y à tête reposée et modifiez vos attentes. Ne rompez pas définitivement parce que vous vous ennuyez ou que vous vous sentez malheureux : essayez d'abord de vous changer vous-même. Nul amour ne peut vous plonger en permanence dans la jubilation. Nul conjoint ne peut faire pour vous ce que vous n'êtes pas disposé à faire vous-même. Si vous divorcez sans vous attacher à développer votre estime de vous-même, vous garderez en vous toute cette sanie qui pourrira vos relations amoureuses jusqu'à votre dernier soupir. Souvenez-vous que l'estime de soi n'est pas une question de couple, c'est une décision individuelle. On apprend et on pratique l'estime de soi tout seul, avant de s'attaquer à l'intégration sociale. Jamais votre couple ne vous rendra sain : vous seul pouvez le faire.

Trop de couples font naufrage à cause du moi faible d'un conjoint – ou des deux – : ils attendent de l'extérieur la satisfaction de leurs besoins. De tels gens sautent de partenaire en partenaire jusqu'à leur mort ou jusqu'à apprendre qu'ils doivent s'accorder à eux-mêmes ce qu'ils recherchent. Et puis, il y a ceux qui prolongent exagérément des relations malsaines; ce sont en général des codépendants piégés dans un cycle du type « mon amour le transfigurera ». De telles personnes sont incapables de voir en elles-mêmes la source de leurs difficultés, elles se consument pour l'autre; elles ont besoin de se rendre indispensables, de plaire et d'assister leur entourage. Elles aussi attendent de l'extérieur le remède à leurs souffrances.

Souvenez-vous: vous ne pouvez rien maîtriser à l'extérieur de vous-même, et vous ne pouvez changer personne si ce n'est vous-même. S'il vous est impossible d'apprendre et de cultiver l'estime de vous-même dans le cadre de votre couple, rompez. Si, pour une raison indépendante de votre volonté, il vous est impossible d'être vous-même dans le cadre de votre couple, rompez. Tâchez de reprendre votre liberté sans faire de reproches indus, reconnaissez votre part de responsabilités dans le cercle vicieux qui a conduit à cet échec, et prenez bien soin de vous-même. Ne vous constituez pas otage d'un amour malade.

Si votre couple ne met en danger ni votre santé physique ni votre santé mentale, et qu'il vous permet d'évoluer et de travailler sur vous-même, persévérez. Quand vous pouvez travailler à la satisfaction de vos besoins et de vos désirs et que votre couple vous laisse place pour ces petites libertés, persévérez. Si les épreuves de votre couple sont ponctuelles, ou provoquées par des circonstances totalement extérieures, persévérez. Quand le changement attendu est envisageable à relativement court terme, persévérez. Continuez vos efforts au moins jusqu'à prouver que vous avez fait de votre mieux et que, en dépit de votre droiture, le couple reste bancal. Bref, persévérez jusqu'à ce que vous puissiez rompre sans remords, et partir la conscience tranquille. Restez jusqu'à pouvoir partir avec amour.

81

Comment se remettre d'une déception sentimentale ?

Supposons qu'une personne rompe avec son conjoint, mais se sente toujours amoureuse de celui-ci; ou encore supposons qu'une personne soit abandonnée par quelqu'un qu'elle aime. Comment se remettre de ce choc ? La plupart des gens font tôt ou tard l'expérience d'être amoureux sans être payé de retour; ils ne parviennent pas à établir une liaison véritable avec la personne qu'ils aiment. Le fait de ne pas arriver à être aimé alors qu'on aime représente une des pires souffrances de l'existence. Nous avons parfois l'impression qu'il est impossible de souffrir autant et de survivre à pareille douleur. Notre imagination ne parvient pas à concevoir ce que cela nous ferait d'être débarrassés de cette souffrance, et de cesser d'aimer l'objet de notre passion. Il est important de savoir que cela est possible : on peut se débarrasser d'un attachement intempestif, nous avons un certain pouvoir sur ce processus. Certes, nous ne pouvons pas maîtriser nos sentiments; néanmoins, nous pouvons maîtriser l'obsession que nous avons de telle ou telle personne, et le besoin que nous éprouvons vis-à-vis d'elle. Paradoxe : il est souvent plus douloureux de mettre fin à une liaison bancale et malsaine qu'à une liaison « normale ». En effet, un couple malsain échange des besoins plus que de l'amour véritable. Plus nous sommes liés à l'autre par nos besoins, plus il est difficile de renoncer à ces derniers : cela nous donne l'impression de nous arracher une partie de nous-mêmes, et non pas de nous arracher à l'autre. Une liaison de ce type s'appelle une symbiose : nous ne parvenons pas à préciser où s'arrête notre personnalité et où commence celle de l'autre. C'est comme si nous étions « collés » à l'autre; une fois « décollés », nous nous sentons amputés. Le fait de mettre un terme à ce genre d'expérience est en réalité très bénéfique : on est contraint de recoller les morceaux de sa propre personnalité et d'en fixer clairement les limites; on est de nouveau à même de se sentir complet, entier et indépendant. Surtout, ce n'est pas le moment de se jeter sur la première personne qui se présente pour renouer des liens mutilants; cela ne ferait que retarder notre processus d'unification, et ajouter de la douleur dans notre vie.

Pour vous détacher de cet amour destructeur, commencez par accepter le fait que c'est nécessaire; prenez conscience du fait que cela va vous prendre du temps, que vous n'allez pas y arriver du jour au lendemain. Il faut du temps pour se mettre à vraiment aimer quelqu'un et il faut aussi du temps pour cesser. Ne vous laissez pas obnubiler par l'amour que vous éprouvez pour cette personne, prenez conscience que c'était de votre part, en très grande partie, du besoin; appliquez-vous alors à satisfaire ces besoins par vous-même. Si vous aviez besoin de l'autre pour vous sentir aimé, entraînez-vous à vous aimer vous-même. Comportez-vous comme si vous vous aimiez, pratiquez sur vous-même des gestes amoureux. Si vous avez des besoins sexuels impérieux, masturbez-vous en fantasmant sur d'autres personnes, et non pas sur celle dont vous cherchez à vous détacher. Si vous avez besoin de contacts physiques, faites-vous faire un massage, allez chez l'esthéticienne ou demandez à vos parents et amis de vous serrer dans leurs bras plus qu'à l'accoutumée. Si vous avez besoin de meubler votre solitude, reprenez contact avec vos amis, rencontrez-en de nouveaux, élargissez vos centres d'intérêt, découvrez de nouveaux loisirs, de nouveaux violons d'Ingres. Au début, tous ces bouche-trous ne remplaceront que très mal l'objet de votre passion mais, avec le temps, un phénomène de compensation s'installera. Faites votre deuil : accordez-vous la permission de pleurer tout votre soûl pendant un certain temps chaque jour. Prévoyez un moment précis de votre emploi du temps : souffrez comme un damné pendant trois quarts d'heure ou une heure, puis laissez là vos souffrances et occupez-vous à autre chose. Ecrivez des lettres – que vous n'enverrez pas – pour exprimer votre colère et votre tristesse devant cette perte. Téléphonez à de bonnes âmes pour solliciter leur appui mais évitez de demander toujours aux mêmes de vous prêter leur oreille ou leur épaule. N'abusez pas de leur amitié, vous risqueriez de perdre des gens qui comptent beaucoup pour vous. Sachez qu'aujourd'hui et demain vont être atroces, mais que la semaine prochaine sera tout juste pénible; d'ici un mois, cela commencera à aller mieux. Remarquez et appréciez les moments où vous ne souffrez pas : il s'en trouvera chaque jour, au milieu de périodes de souffrances. Ainsi, vous aurez moins tendance à rester empêtré dans votre douleur. Focalisez votre attention sur tout ce qui peut vous arriver de positif : parfois, il peut nous arriver de perdre du poids, de nous contenter de moins de sommeil ou d'avoir plus d'énergie. Mettez ces éléments positifs à votre service. Mieux vaut être malheureux et faire quelque chose qu'être malheureux et ne rien faire. Surtout, n'occultez pas votre souffrance, ne la niez pas en sombrant dans des comportements destructeurs : drogues, alcool, boulimie, activité sexuelle désordonnée, comportements dangereux pour votre vie ou votre santé. La souffrance cachée, ou que l'on tente d'ignorer, ne diminue jamais; elle vous hante jusqu'à ce que vous soyez disposé à l'assumer. Occupez-vous de votre souffrance et elle vous quittera. Tentez de la cacher sous le tapis et elle reviendra au galop. Rappelez-vous que vous avez vécu – et sans doute bien vécu – avant de tomber amoureux; dites-vous que vous vivrez de nouveau après avoir mis un point final à cet épisode.

Tâchez de refaire – à l'envers – le chemin que vous avez parcouru pour tomber amoureux : symboliquement, c'est comme si vous aviez monté une volée de marches d'escalier. Quand nous tombons amoureux, nous avons tendance à omettre ou à minimiser les choses que nous n'aimons pas chez l'être aimé. Chaque fois que nous montons une marche, nous jetons quelque chose par-dessus la rampe : quand nous arrivons sur le palier (que nous sommes amoureux), nous avons jeté tous les traits ou comportements négatifs de l'autre. Pour mettre un terme à notre attachement, il nous suffit de redescendre la même volée de marches en récupérant à chaque niveau ce que nous avions lancé par-dessus la rampe. Cette fois, nous focalisons notre attention sur tous ces détails que nous n'aimons pas ou qui nous gênent. Aucun détail n'est trop insignifiant pour échapper à notre intérêt : quand nous serons de retour au rez-de-chaussée, nous aurons de nouveau affaire à une personne ordinaire, imparfaite, et dont il n'est pas héroïque de se détacher.

Evitez les musiques et endroits romantiques que vous avez goûtés ensemble. Ce n'est vraiment pas le moment de cultiver les souvenirs du passé avec une délectation morose. Pourquoi vous charger d'autres souffrances, en plus de celles que vous éprouvez déjà ? Choisissez un environnement neuf, et des situations libres de souvenirs pénibles. Plus tard, vous serez de nouveau capable d'entendre « vos chansons » et de retourner à « vos endroits » : vous leur trouverez un certain charme nostalgique, mais cela ne représentera plus un problème pour vous. Pour l'instant, prudence : vous vous feriez atrocement souffrir. Prenez soin de vous éviter tous désagréments.

Rappelez-vous que lorsque vous souffrez, il faut vous montrer plus attentionné et plus gentil vis-à-vis de vous-même qu'à l'accoutumée. Evitez de vous faire des reproches, ne vous laissez pas obséder par vos erreurs passées. C'est le propre de votre nature humaine d'être imparfaite, vous avez parfaitement le droit de faire des bêtises. Vous ne pouvez pas faire durer une liaison amoureuse avec l'illusion d'être infaillible. Quand une personne cesse de vous aimer, cette décision lui est davantage dictée par le stade présent de son évolution que par tel ou tel problème découvert dans votre comportement. Quand vous aimez les autres, votre amour est un don pour eux. Quand on vous aime, vous recevez cet amour comme un cadeau. Vous ne pouvez pas maîtriser le moment ni la façon dont des tiers décident de vous faire des cadeaux. Vous ne pouvez pas attendre ces cadeaux, encore moins les exiger : ce ne seraient plus des cadeaux. La seule personne dont vous puissiez attendre de l'amour, c'est vous-même. Quand on cesse de vous aimer, aimez-vous vous-même davantage. Quand vous cessez d'aimer une tierce personne, c'est pareil : redoublez de gentillesse vis-à-vis de vous-même. Cela vous évitera de vous mettre en situation d'« indigence affective »; vous aurez ainsi moins de chances de retomber dans une relation de symbiose.

82
Qu'est-ce qu'une communication de qualité ?

Nous savons tous que la qualité de la communication est un facteur important de cohésion du couple. Nous savons que la parole fait partie de la communication; mais la parole ne suffit pas pour qu'il y ait communication. Beaucoup de couples passent un temps considérable ensemble, ils parlent énormément mais n'ont pas vraiment l'impression de communiquer. A contrario, il y a des couples qui ont l'air de parler fort peu, mais qui se sentent très proches et bien en accord. La communication, c'est l'art de créer une intimité avec l'autre; c'est une façon de partager en profondeur et de se sentir solidaires. Une communication de qualité permet à l'autre de nous connaître tel que nous sommes, de nous fournir des réponses et un appui quand nous en avons besoin. Une communication de qualité représente une des grandes joies de l'existence. La pratique de l'intégration sociale comporte l'apprentissage de compétences dans le domaine de la communication.

Pour comprendre ce qu'est une communication de qualité, le mot clef est justement celui de compétence. Certains, bénis des dieux, communiquent d'instinct : c'est un don naturel; mais pour la plupart d'entre nous, il s'agit d'une compétence qui s'acquiert; heureusement, c'est possible. Paradoxe spectaculaire : ceux qui communiquent le mieux sont toujours ceux qui écoutent le mieux;

ce ne sont pas nécessairement ceux qui s'expriment le mieux. On nous a appris à parler, mais jamais à écouter. L'écoute efficace n'est pas toujours facile : elle exige de s'intéresser à l'autre, de faire preuve de patience et de concentration. En général, c'est plus drôle de parler que d'écouter. Le problème, c'est que la plupart des gens vont dans le sens de leurs préférences : c'est pour cela que si peu savent écouter. Si nous nous entraînons à écouter, à écouter vraiment ce que disent les autres, nous découvrirons peut-être à quel point cela nous est peu familier : il n'est pas si simple de laisser quelqu'un s'exprimer à fond, tout en se concentrant sur ce que dit cette personne et non sur ce que nous grillons de lui répondre. Apprenons à répéter ce que nous venons d'entendre, cessons de supposer que ce que nous avons entendu est ce qu'elle vient de dire. Il est difficile de s'arrêter de réfléchir pour se concentrer sur l'écoute. Il est surprenant de constater les sentiments étranges que fait surgir cette méthode d'écoute différente.

Savoir bien communiquer, c'est aussi avoir à sa disposition une panoplie de compétences aussi bien pour résoudre les problèmes que pour offrir son appui. Ce sont deux séries de techniques différentes, à appliquer dans des circonstances différentes. Vous connaissez des outils de résolution de problèmes : la plupart de vos échanges avec autrui ne traitent que de ça. Quelqu'un se met à parler de quelque chose et vous lui renvoyez la balle : vous lui dites ce que vous pensez de la situation et ce que vous feriez à sa place. Par exemple, votre associé vous déclare :

– Je suis furieux. Je ne sais que faire.

– Moi aussi, répondez-vous, j'étais vraiment furieux ce matin; et d'ailleurs, j'ai décidé de pousser un bon coup de gueule. Pourquoi n'essaies-tu pas toi aussi ?

Ce type de communication est lié à la résolution d'un problème : vous dites à cette personne ce qu'il lui faut faire. Autre exemple; votre conjoint vous dit :

– J'arrive en retard parce que je suis tombé en panne sèche sur l'autoroute.

– Ce n'est pas malin ! tranchez-vous. Tu aurais dû faire le plein avant de partir.

La résolution des problèmes est une excellente forme de communication quand – et seulement quand – on vous demande conseil. Mais là où le bât blesse, c'est que la recette est parfois trop facile et que l'on a tendance à en abuser. Vous risquez de prodiguer vos conseils bien avant que l'on ne vous les demande. Il y a de fortes chances pour que vous généralisiez ce type de compétence à l'ensemble de vos communications : du coup, vous serez surpris de constater que certains réagissent de façon négative à vos conseils non sollicités.

Les techniques d'appui et de soutien sont utilisées plus rarement, elles sont également plus difficiles à acquérir. La communication de soutien, c'est le contraire de la résolution de problèmes; vous ne dites mot sur ce que vous pensez, vous vous abstenez de donner conseil, sauf si on vous le demande explicitement. Même alors, vous vous assurez d'abord de ce que pense votre interlocuteur avant de lui donner votre avis. La communication de soutien permet à l'autre de se sentir bien en résolvant son problème lui-même. Si vous analysez la plupart de vos communications, vous découvrirez qu'elles consistent essentiellement à prouver votre intelligence ou vos compétences. La communication de soutien inverse presque complètement la charge de la conversation; elle consiste à laisser l'autre dire tout ce qu'il désire dire, sans l'interrompre ni le contredire. Une conversation de soutien commence par une écoute efficace. Elle continue éventuellement en répétant ou en réfléchissant sur ce que l'autre vient de dire. Elle suppose que vous écoutiez de façon objective, et mettiez de côté vos propres besoins, de façon à laisser l'autre s'exprimer. Vous vous interdisez tout jugement, vous écartez préjugés et idées toutes faites. Voilà pourquoi c'est si difficile. Reprenons notre premier exemple :

– Je suis furieux. Je ne sais que faire.

Si vous pratiquez la communication de soutien, vous répondez :

– Oui, je m'en rends compte : tu as l'air vraiment en colère.

Ou bien :

– Que veux-tu faire ?

Ou bien :

– Pourquoi es-tu en colère ?

Vous pouvez également décider de ne rien dire du tout, mais de témoigner votre intérêt grâce à votre attitude corporelle : vous arrêtez de faire ce que vous faisiez, vous regardez votre associé droit dans les yeux, vous vous montrez intéressé et objectif.

Le soutien signifie que l'autre sait que vous êtes là avec lui, que vous l'écoutez et que vous vous abstenez de l'attaquer. La communication de soutien est un outil très puissant; pour la pratiquer de façon efficace, il faut posséder l'estime de soi-même. Si vous êtes un indigent affectif, vous ne pouvez guère soutenir autrui pendant longtemps. Tôt ou tard, vos propres besoins prendront le dessus et vous ne pourrez vous empêcher de focaliser la conversation sur vous-même. La communication de soutien est centrée sur l'autre autant que celui-ci en a besoin.

Les psychologues, les éducateurs, les infirmières et autres personnes intervenant dans le secteur social ou paramédical sont avantagés dans la mesure où ils ont appris la communication de soutien dans le cadre de leur formation. Mais il est surprenant de constater combien peu nous appliquons nos compétences professionnelles dans notre vie privée. Or le meilleur endroit où nous puissions exercer nos connaissances en communication de soutien, c'est chez nous. C'est là que vivent les gens que nous aimons et qui nous aiment. Et pourtant, c'est l'endroit au monde où il nous est le plus difficile de mettre en pratique cette attitude de soutien.

La qualité de nos communications s'améliorera si nous inversons les pourcentages respectifs de résolution de problèmes et de soutien dans nos conversations. Il est probable que nous faisons appel pour le moment à nos talents pour résoudre les problèmes dans 90 % des cas; et à notre aptitude à manifester notre appui dans 10 % des cas – ou moins encore. Si nous inversons ces chiffres, l'intégration sociale progressera considérablement. Nous aurons tous davantage l'impression d'être compris, d'être solidaires des autres et de partager avec eux le meilleur de notre vie.

V
CONCLUSION

83

Qu'est-ce que l'euphorie naturelle ?

Nous l'avons vu au tout début de ce livre, l'euphorie naturelle est l'aboutissement de l'estime de soi et de l'intégration sociale. Cet état correspond tout simplement à une joie de vivre sans mélange. C'est la sensation qui reflète l'amour que l'on a pour soi et que l'on éprouve vis-à-vis des autres. Nulle satisfaction au monde n'approche celle-ci. C'est l'expérience que l'on connaît quand on se sent en parfaite harmonie avec les êtres et les choses. Certaines personnes décrivent cette sensation comme « sentir Dieu »; d'autres y voient un état de béatitude. L'euphorie naturelle naît en vous quand vous vous sentez en relation avec tout l'univers, quand vous vous sentez partie intégrante du cosmos. Vous atteignez cet état quand vous êtes pleinement conscient de la beauté de votre nature profonde (Dieu en vous) et de celle des hommes en général et du monde tout entier (Dieu autour de vous). Cette évidence peut vous aveugler brusquement et spontanément, n'importe où, n'importe quand, lorsque vous plantez là votre moi faible une fois pour toutes, et que vous vous ouvrez aux miracles visibles autour de vous. La plupart des enfants connaissent des états d'euphorie naturelle car ils sont plus facilement en état de grâce.

L'euphorie naturelle vous échappera tant que vous serez tourné vers le passé ou l'avenir; elle ne peut se manifester que si vous vivez pleinement l'instant présent. C'est un déclic qui se produit indépendamment de notre volonté directe, et se dérobe à nos efforts. Ce n'est pas un but à conquérir, c'est un don de Dieu.

La façon la plus sûre d'y parvenir, c'est de pratiquer sans relâche l'estime de soi-même et l'intégration sociale. C'est sans doute la meilleure préparation pour cette expérience.

L'euphorie naturelle surviendra bel et bien si vous êtes capable de vous détacher et de la laisser venir. Néanmoins, elle ne saurait se présenter à un moment où vous êtes sous l'influence d'une drogue. Quand vous êtes drogué, vous essayez de maîtriser votre bien-être mais vous dépendez d'un facteur extérieur pour vous sentir bien. L'euphorie naturelle consiste à être, et ne dépend pas de notre maîtrise directe.

Nous restons ouverts à ce sentiment sublime en nous acceptant tels que nous sommes, dans toute notre humanité, en nous détachant de nos besoins névrotiques et de nos folies, en nous émerveillant devant nous-mêmes et les autres, en vivant l'instant présent sans jugement ni critique. Nous sommes ce que nous sommes. Et c'est tant mieux. Nous sommes aussi davantage que ce que nous sommes et c'est tant mieux aussi. Détachons-nous avec amour : nous atteindrons ce niveau supérieur de satisfaction. Nous serons un avec l'Univers. Nous nous sentirons à notre place au sein du Tout. Nous toucherons du doigt combien notre nature humaine est bonne, et en fin de compte, divine.

Susanna McMahon

Diplômée de l'université de Houston, Susanna McMahon a fait des études de troisième cycle avant de travailler pour le gouvernement fédéral américain au Texas puis en Allemagne. Elle a dirigé un service de santé mentale à Madrid en Espagne. Elle vit à Houston avec son mari J. Timothy McMahon, ingénieur-conseil et professeur de gestion. Susanna McMahon est écrivain, elle anime des séminaires et reçoit – en nombre limité – des patients à son cabinet. Elle a trois grandes filles et trois chats espagnols.

IMPRIMÉ EN ESPAGNE EN JUILLET 2018 PAR LIBERDÚPLEX

pour le compte des
Nouvelles Éditions Marabout
Dépôt Légal : mars 2013
ISBN : 978-2-501-08485-7
41.27296/08